失敗から学ぶ
大学生のレポート作成法
第2版

近藤裕子・由井恭子・春日美穂 著

ひつじ書房

JN081134

目次

サンプルレポート

ライティングスキル編

レポート作成プロセス編

はじめに

　本書は大学1年生を対象としたアカデミック・ライティング（大学で必要とされるレポートや卒業論文、研究論文などの文章）に必要な「スキル」と、問いの発見、及び、それを深める方法などの「思考力」とを身に付けるためのものです。

　アカデミック・ライティングでは、書き手の主張を読み手に納得させることを目的とし、文章も説得性が求められます。説得性を持たせるには、主張に根拠が必須ですが、その根拠は、個人的な経験や感情ではなく、客観的な事実でなければなりません。そして、それら根拠を論理的に展開させ、論拠として用いる必要があります。これはおそらく多くの大学1年生が大学入学以前に書いてきた文章とはタイプが異なるでしょう。また同時に、主張する内容は、多くの情報を整理し、深く考察したものでなければなりません。そこでは、自ら問いを発見し、自分なりの答えを持つことが必要になります。

　このように、アカデミック・ライティングには、ふさわしい日本語表現、文章の構成、引用などの根拠の提示の仕方といった「スキル」と、情報を整理し、自ら問いを発見し、答えを見出すための「思考力」が欠かせません。本書はこの2つの力を習得することを目的としています。初年次のライティング授業や卒業論文作成等の際に、本書を活用していただければ幸いです。

●本書の特徴と構成

　実際に大学1年生がレポートを書くことを想定し、「ライティングスキル編」と「レポート作成プロセス編」、そしてPCスキルを中心とした「付録」で構成されています。また、本書の冒頭には、大学生が書くであろうレポートの中から「調査報告型レポート」と「論証型レポート」のサンプルレポートを掲載しました。これらのサンプルレポートは、まず、学生自身の力で読解し、レポートのイメージをつかむことを目的としています。そして、構成やそこで書くべきこと等は、その後ろの解説編で確認できるよう、あえて分けて提示してあります。「レポート作成プロセス編」では、これらのサンプルレポートを1つのゴールとして設定し、レポートが完成するまでのプロセスをたどることができます。なお、本書ではレポート作成のゴールを「論証型レポート」としました。そのため、サンプルレポートは論証型レポートから掲載し、本編では論証型レポートに至る過程を示すために、調査報告型レポートから解説しています。

　『失敗から学ぶ』と書名にもあるように、多くの大学生が陥りがちな誤りや失敗例をキャラクターを通して示しました。これは、何が問題なのかということに学生自身が「気づく」ことを目的としています。そして、誤りをどのように直せばよいかを学生自身

が考えるための"チャレンジ！"という小さな問題や"STEP"という難易度に応じた問題によって確認することができるようになっています。ところどころ登場する鉛筆のキャラクターがアドバイスや日本語に関する豆知識を知らせ、関心を促します。

●サンプルレポートについて

サンプルレポートは、大学に入学して間もない1年生でも親しみやすい「給食」に関したテーマを扱っています。論証型サンプルレポートでは、給食費未納問題を解決するためには、会計方式を公会計方式に統一し、いずれは給食費無償化を推進すべきだという主張（具体的方策）を述べています。このサンプルレポートの原型は、2015年度に作成したものです。2023年9月現在では、多くの自治体が給食費の無償化に取り組むようになりました。そして、国も少子化対策として、給食の一律無償化の検討を始めました。それを受け、文部科学省は、自治体ごとに異なる負担や実施方式の状況把握を目的に、全国の小中学校の給食の実態調査を行っています。このように、明確な論拠を持った主張は、時に、現実の社会とのつながりを実感させられるものとなります。

●本書を使用して指導される方へ

本書は大学1年生が1年間で「調査報告型レポート」と「論証型レポート」の2つのタイプのレポートを作成するために必要な内容を扱っています。また、「ライティングスキル編」では、学生に必要とされる項目に重きを置いています。例えば、学生が最も苦手とする引用の方法に関しては、ほかの項目よりも多くの紙面を割いています。しかし、教育機関によっては、文章表現関連科目は半期のみの開講かもしれません。また、スキルだけ学びたい場合や、逆にスキルは確認程度にとどめ、思考力の養成を中心に扱いたい場合など、条件や目的、ゴール設定が異なるでしょう。それらに応じて学習項目の取捨選択、扱いの軽重などを調整してお使いいただければと思います。

マナビ

4月から大学生になり、一人暮らしを始めました。友だちができるか心配です。共通の趣味の人と仲良くなりたいです。アルバイトも始めようと思っています。大学ではレポートを書くと聞き、書けるのか不安になりました……

●ティーチングマニュアルのご案内

　本書を利用しての授業・講義をサポートする教師用資料（指導のポイント・解答例）をご用意しています。

　ご利用をご希望の方は、ご所属・お名前・担当授業を明記のうえ、ひつじ書房までメール（textbook-hint@hituzi.co.jp）でお問い合わせください。

サンプルレポート

　本テキストでは、大学でレポートを作成するための、スキルとプロセスを学んでいきます。ここでは、そのゴールの例として、論証型レポート、調査報告型レポートのサンプルレポートを掲載しています。それぞれのサンプルレポートの後に、解説も付けていますので参照してください。参考としてサンプル小論文も掲載しています。

※引用にはさまざまな形式があります（→参照 第3課）。
論証型レポートは注、調査報告型レポートは本文中に出典を示す形式にしています。

サンプル	論証型レポート

科目名
△△△△先生

給食費未納問題解消へ向けての会計システムの見直し
――義務教育における食育推進の観点から無償化へ――

××学部○○学科△△コース
学籍番号　氏名

キーワード：学校給食、給食費未納、食育基本法、公会計化、給食費無償化

1. はじめに

　近年、給食費未納についての対応が社会的にも大きな課題となっている。『朝日新聞』2015年7月4日朝刊によると、給食費の未納額は財政の負担となり、未納者に対し法的措置を取るケースも出ているという[1]。こうした状況の元で、埼玉県下の市立中学校で、学校給食費を3ヵ月間納めていない生徒の保護者に対し、未納のままなら給食を停止するとの趣旨の通知を出したところ、該当する全員が給食費を納入するか、納める意思を示したという事例があった[2]。未納者には担任教員が事前に家庭を訪問し、就学援助の仕組みを説明したが支払いに応じなかったため、学校は支払えるのに支払わない事例であると判断したと述べている[3]。

　学校給食については、自治体が一般会計に予算計上し、一括管理する「公会計」方式と、給食費の管理を各学校に任せる「私会計」方式とがあり、上記の学校の自治体は給食費の管理を各校に任せる「私会計」方式を採っていた[4]。「私会計」方式のままでは、各学校や教員が独自に対応しなければならず、学校の負担になるとともに、保護者との関係性の問題などから未納につながりやすいといえよう。

　以上のように、給食費未納問題には、会計方式が関係していると考えられる。問題解決のためにも、その見直しを行う必要があるのではないだろうか。

　このレポートでは、給食費未納問題について、まず、学校給食をめぐる状況について検証する。そのうえで、給食費納入システムの見直しを行い、全国的に公会計方式に統一すべきであると主張する。

2. 学校給食法と給食費の保護者負担について

　給食費未納問題を考えるために、まず、給食と給食費の現状を確認する。2016年に施行された現行の学校給食法において、運営のための施設費・設備以外の経費の負担については、「学校給食を受ける児童又は生徒の学校教育法第十六条に規定する保護者の負担とする」（学校給食法第4章第11条第2項）と明文化されている[5]。文部科学省（以下、文科省）によると、2021年現在、小学校では18,857校（全小学校数の98.7%）、中学校では8,867校（全中学校数の89.1%）、全体では27,724校で学校給食（完全給食）が行われており、約900万人の子供が給食を受けているという[6]。

　しかし、文科省「学校給食費の徴収状況に関する調査の結果について」によると、学校給食

がありながらも未納の児童生徒がいた小中学校は 45.6％、未納の児童生徒数は 0.9％であることが明らかになった[7]。学校給食費の未納に関する主な原因についての認識は、保護者としての責任感や規範意識の低さが 68.5％であり、保護者の経済的な問題の 18.9％を大きく上回っている[8]。鴈(2016)によると、保護者の責任感や規範意識の低さにより、子供の健康維持に直結する給食費の未納が起こるという状況は、保護者の抱える心身の問題や、虐待のシグナルとなる例もあるという[9]。そうした状況下にある可能性を抱える子供に、給食という安定した食事を確実に提供することは重要であり、そのためにも未納問題の解決は不可欠なのである。

3. 義務教育における食育推進

　以上、給食と給食費との現状を確認してきたが、そもそも給食は学校教育の中でどのような役割を果たしているのだろうか。学校給食法は、2008 年 6 月に大幅に改正され、第 1 条（法律の目的）では食育の推進が我が国の重要な課題であるとされている[10]。それに先立ち 2005 年には食育基本法の制定[11]や、同法に基づく食育推進基本計画の策定[12]が 2006 年になされた。これにより、学校給食が単なる栄養補給のための食事にとどまらず、学校教育の一環であるという趣旨がより明確となった。くわえて食育基本法では、「食育を、生きる上での基本であって、知育、徳育及び体育の基礎となるべきものと位置付けるとともに、様々な経験を通じて『食』に関する知識と『食』を選択する力を習得し、健全な食生活を実践することができる人間を育てる食育を推進することが求められている[13]」としている。

　このことから、学校給食は、「食」についても学ぶ教育の一環なのだと考えることができよう。教育の一環であるとすれば、義務教育下で提供される学校給食を無償化する必要があるのではないか。

4. 学校給食費無償化への取り組み

　給食には教育としての役割があると同時に、子供にとっても重要な役割を果たしている。鴈(2022)は、経済的困難を抱える子供の健康維持に学校給食が非常に重要であることを指摘している[14]。経済的困難等、保護者の問題と関わらせることなく、給食という安定した食事を確実に提供することは重要であり、そのためにも未納問題は解決しなくてはならないのではないか。

　現在、学校給食費を地方公共団体の会計に組み入れる公会計方式を採用する自治体が徐々に増えている。公会計方式とは、地方公共団体が給食費を強制的に調整する方法である。例えば、現在公会計方式を採用している長野県塩尻市では、給食費を児童手当から天引きできることにより、通帳残高や納付期限の心配がないことをメリットとして挙げており、強制的ではありながらも安定し、かつ、保護者の負担感の少ない方法を採用している。さらに同市は、口座振替の手数料も負担するなど、子育て世代の支援を行っている[15]。文科省も給食費の公会計方式は、「教員の業務負担の軽減」「保護者の利便性の向上」「徴収・管理業務の効率化」「透明性の向上、不正の防止」「公平性の確保」「給食の安定的な実施・充実」という 6 点のメリットを挙げている[16]。こうした形で給食費の安定した管理、維持ができれば、将来的には給食費の無償化の実現に近づくことができるのではないか。

　現在、東京 23 区で給食費の無償化が進んでいる。2023 年 4 月の段階で中央区、台東区など 8 つの区が無償化を行い、年度の途中から導入する区も増えている[17]。こうした流れは政府にも波及しており、政府は、2023 年度内に地方自治体による無償化の実施状況を調査し、その結果を 1 年以内に公表するという方針を示している[18]。全国的な給食費無償化のためにも、地方自治体が給食費について管理する公会計化が進むことは、その後押しとなるだろう。

　給食は教育の一環であると同時に、子供の健康維持にも重要な役割を果たしている。公会計化が進み、そうした地方自治体の事例が報告されることで、さらに公会計方式を導入する自治体が増えると期待できる。まず給食費の公会計化への全国的な統一が必要である。そして、それが足がかりとなり、学校給食費の無償化につながるだろう。

5. むすび

　給食費の未納は社会的にも大きな問題となっている。その大きな要因として、給食費の支払いシステムが統一されず、公会計、私会計に分かれていることを挙げた。本レポートでは、義務教育における食育の重要性を鑑みれば、無償化が適切であり、それに向けて公会計方式への統一が必要なのではないかという提唱を試みた。

　しかし、現代の日本では、年金問題や介護を含めた医療費の対応など財政面での課題は多く、学校給食費無償化への財源確保はますます難しい環境だといえよう。国債の残高増加は将来を担う子供たちの負担になる。財政的な裏付けがないまま学校給食費無償化を進めることで、破たんをきたす可能性も否めない。学校給食費の無償化を実施するためには、早急な対応を目指すことも重要であるが、それだけではなく、計画的に財源確保を行うことが重要な課題だと考える。

注

[1] 「『給食停止』当然？やり過ぎ？」『朝日新聞』2015年7月4日朝刊

[2] 前掲注1に同じ。

[3] 前掲注1に同じ。

[4] 前掲注1に同じ。

[5] e-gov「学校給食法」https://elaws.e-gov.go.jp/document?lawid=329AC0000000160（2023年8月4日閲覧）

[6] 文部科学省「学校給食実施調査」
　　https://www.mext.go.jp/content/20230125-mxt-kenshoku-100012603-1.pdf（2023年8月4日閲覧）

[7] 文部科学省「学校給食費の徴収状況に関する調査の結果について」
　　https://warp.ndl.go.jp/info:ndljp/pid/11402417/www.mext.go.jp/b_menu/houdou/30/07/__icsFiles/afieldfile/2018/07/27/1407551_001.pdf（2023年8月4日閲覧）

[8] 前掲注7に同じ。

[9] 鳫咲子(2016)『給食費未納　子どもの貧困と食生活格差』光文社　p.57

[10] 前掲注5に同じ。

[11] e-gov「食育基本法」https://elaws.e-gov.go.jp/document?lawid=417AC1000000063（2023年9月7日閲覧）

[12] 農林水産省「食育推進基本計画」https://www.maff.go.jp/j/study/tisan_tisyo/h18_01/pdf/data11.pdf（2023年9月7日閲覧）。なお、同計画は見直しが定期的に行われており、2021年3月に第4次食育推進基本計画が発表されている。

[13] 前掲注11に同じ。

[14] 鳫咲子(2022)「教育無償化に向けて―韓国の親環境給食の無償化を踏まえて―」『跡見学園女子大学マネジメント学部紀要』34号 p.27

[15] 塩尻市「小中学校の給食会計が公会計になりました」
　　https://www.city.shiojiri.lg.jp/soshiki/39/2792.html（2023年9月5日閲覧）

[16] 文部科学省「学校給食費の公会計化について」https://www.mext.go.jp/component/a_menu/education/detail/__icsFiles/afieldfile/2019/09/04/1420661-1_1.pdf（2023年9月5日閲覧）

[17] NHK「『給食費無償化』の動き　東京23区で広がる」
　　https://www.nhk.or.jp/shutoken/newsup/20230713c.html（2023年9月7日閲覧）

[18] 時事ドットコムニュース「給食無償化、全国規模で実態調査　実施時期は明記せず―少子化対策素案」https://www.jiji.com/jc/article?k=2023060100280&g=pol（2023年9月7日閲覧）

科目名
△△△△先生

給食費未納問題解消へ向けての会計システムの見直し
──義務教育における食育推進の観点から無償化へ──

×××学部○○学科△△コース
学籍番号　氏名

キーワード：学校給食、給食費未納、食育基本法、公会計化、給食費無償化

1. はじめに

問題の背景

　近年、給食費未納についての対応が社会的にも大きな課題となっている。『朝日新聞』2015年7月4日朝刊によると、給食費の未納額は財政の負担となり、未納者に対し法的措置を取るケースも出ているという[1]。こうした状況の元で、埼玉県下の市立中学校で、学校給食費を3カ月間納めていない生徒の保護者に対し、未納のままなら給食を停止するとの趣旨の通知を出したところ、該当する全員が給食費を納入するか、納める意思を示したという事例があった[2]。未納者には担任教員が事前に家庭を訪問し、就学援助の仕組みを説明したが支払いに応じなかったため、学校は支払えるのに支払わない事例であると判断したと述べている[3]。

問題提起

　学校給食については、自治体が一般会計に予算計上し、一括管理する「公会計」方式と、給食費の管理を各学校に任せる「私会計」方式とがあり、上記の学校の自治体は給食費の管理を各校に任せる「私会計」方式を採っていた[4]。「私会計」方式のままでは、各学校や教員が独自に対応しなければならず、学校の負担になるとともに、保護者との関係性の問題などから未納につながりやすいといえよう。

　以上のように、給食費未納問題には、会計方式が関係していると考えられる。問題解決のためにも、その見直しを行う必要があるのではないだろうか。

レポートの目的

　このレポートでは、給食費未納問題について、まず、学校給食をめぐる状況について検証する。そのうえで、給食費納入システムの見直しを行い、全国的に公会計方式に統一すべきであると主張する。

2. 学校給食法と給食費の保護者負担について

事実

　給食費未納問題を考えるために、まず、給食と給食費の現状を確認する。2016年に施行された現行の学校給食法において、運営のための施設費・設備以外の経費の負担については、「学校給食を受ける児童又は生徒の学校教育法第十六条に規定する保護者の負担とする」(学校給食法第4章第11条第2項)と明文化されている[5]。文部科学省(以下、文科省)によると、2021年現在、小学校では18,857校(全小学校数の98.7%)、中学校では8,867校(全中学校数の89.1%)、全体では27,724校で学校給食(完全給食)が行われており、約900万人の子供が給食を受けているという[6]。

事実

　しかし、文科省「学校給食費の徴収状況に関する調査の結果について」によると、学校給食がありながらも未納の児童生徒がいた小中学校は 45.6%、未納の児童生徒数は 0.9%であることが明らかになった[7]。学校給食費の未納に関する主な原因についての認識は、保護者としての責任感や規範意識の低さが 68.5%であり、保護者の経済的な問題の 18.9%を大きく上回っている[8]。鳫(2016)によると、保護者の責任感や規範意識の低さにより、子供の健康維持に直結する給食費の未納が起こるという状況は、保護者の抱える心身の問題や、虐待のシグナルとなる例もあるという[9]。

解釈＋主張

そうした状況下にある可能性を抱える子供に、給食という安定した食事を確実に提供することは重要であり、そのためにも未納問題の解決は不可欠なのである。

3. 義務教育における食育推進

　以上、給食と給食費との現状を確認してきたが、そもそも給食は学校教育の中でどのような役割を果たしているのだろうか。

事実

学校給食法は、2008 年 6 月に大幅に改正され、第 1 条(法律の目的)では食育の推進が我が国の重要な課題であるとされている[10]。それに先立ち 2005 年には食育基本法の制定[11]や、同法に基づく食育推進基本計画の策定[12]が 2006 年になされた。これにより、学校給食が単なる栄養補給のための食事にとどまらず、学校教育の一環であるという趣旨がより明確となった。くわえて食育基本法では、「食育を、生きる上での基本であって、知育、徳育及び体育の基礎となるべきものと位置付けるとともに、様々な経験を通じて『食』に関する知識と『食』を選択する力を習得し、健全な食生活を実践することができる人間を育てる食育を推進することが求められている[13]」としている。

解釈＋主張

　このことから、学校給食は、「食」についても学ぶ教育の一環なのだと考えることができよう。教育の一環であるとすれば、義務教育下で提供される学校給食を無償化する必要があるのではないか。

4. 学校給食費無償化への取り組み

事実

　給食には教育としての役割があると同時に、子供にとっても重要な役割を果たしている。鳫(2022)は、経済的困難を抱える子供の健康維持に学校給食が非常に重要であることを指摘している[14]。経済的困難等、保護者の問題と関わらせることなく、給食という安定した食事を確実に提供することは重要であり、そのためにも未納問題は解決しなくてはならないのではないか。

事実

　現在、学校給食費を地方公共団体の会計に組み入れる公会計方式を採用する自治体が徐々に増えている。公会計方式とは、地方公共団体が給食費を強制的に調整する方法である。例えば、現在公会計方式を採用している長野県塩尻市では、給食費を児童手当から天引きできることにより、通帳残高や納付期限の心配がないことをメリットとして挙げており、強制的ではありながらも安定し、かつ、保護者の負担感の少ない方法を採用している。さらに同市は、口座振替の手数料も負担するなど、子育て世代の支援を行っている[15]。文科省も給食費の公会計方式は、「教員の業務負担の軽減」「保護者の利便性の向上」「徴収・管理業務の効率化」「透明性の向上、不正の防止」「公平性の確保」「給食の安定的な実施・充実」という 6 点のメリットを挙げている[16]。

解釈

こうした形で給食費の安定した管理、維持ができれば、将来的には給食費の無償化の実現に近づくことができるのではないか。

　現在、東京 23 区で給食費の無償化が進んでいる。2023 年 4 月の段階で中央区、台東区な

事実

ど8つの区が無償化を行い、年度の途中から導入する区も増えている[17]。こうした流れは政府にも波及しており、政府は、2023年度内に地方自治体による無償化の実施状況を調査し、その結果を1年以内に公表するという方針を示している[18]。全国的な給食費無償化のためにも、地方自治体が給食費について管理する公会計化が進むことは、その後押しとなるだろう。

解釈

主張（具体的方策）

　給食は教育の一環であると同時に、子供の健康維持にも重要な役割を果たしている。公会計化が進み、そうした地方自治体の事例が報告されることで、さらに公会計方式を導入する自治体が増えると期待できる。まず給食費の公会計化への全国的な統一が必要である。そして、それが足がかりとなり、学校給食費の無償化につながるだろう。

5. むすび

まとめ

　給食費の未納は社会的にも大きな問題となっている。その大きな要因として、給食費の支払いシステムが統一されず、公会計、私会計に分かれていることを挙げた。本レポートでは、義務教育における食育の重要性を鑑みれば、無償化が適切であり、それに向けて公会計方式への統一が必要なのではないかという提唱を試みた。

今後の課題

　しかし、現代の日本では、年金問題や介護を含めた医療費の対応など財政面での課題は多く、学校給食費無償化への財源確保はますます難しい環境だといえよう。国債の残高増加は将来を担う子供たちの負担になる。財政的な裏付けがないまま学校給食費無償化を進めることで、破たんをきたす可能性も否めない。学校給食費の無償化を実施するためには、早急な対応を目指すことも重要であるが、それだけではなく、計画的に財源確保を行うことが重要な課題だと考える。

注

[1] 「『給食停止』当然?やり過ぎ?」『朝日新聞』2015年7月4日朝刊
[2] 前掲注1に同じ。
[3] 前掲注1に同じ。
[4] 前掲注1に同じ。
[5] e-gov「学校給食法」https://elaws.e-gov.go.jp/document?lawid=329AC0000000160（2023年8月4日閲覧）
[6] 文部科学省「学校給食実施調査」
　　https://www.mext.go.jp/content/20230125-mxt-kenshoku-100012603-1.pdf（2023年2023年8月4日閲覧）
[7] 文部科学省「学校給食費の徴収状況に関する調査の結果について」
　　https://warp.ndl.go.jp/info:ndljp/pid/11402417/www.mext.go.jp/b_menu/houdou/30/07/__icsFiles/afieldfile/2018/07/27/1407551_001.pdf（2023年8月4日閲覧）
[8] 前掲注7に同じ。
[9] 鳫咲子(2016)『給食費未納　子どもの貧困と食生活格差』光文社　p.57
[10] 前掲注5に同じ。
[11] e-gov「食育基本法」https://elaws.e-gov.go.jp/document?lawid=417AC1000000063（2023年9月7日閲覧）
[12] 農林水産省「食育推進基本計画」https://www.maff.go.jp/j/study/tisan_tisyo/h18_01/pdf/data11.pdf（2023年9月7日閲覧）。なお、同計画は見直しが定期的に行われており、2021年3月に第4次食育推進基本計画が発表されている。
[13] 前掲注11に同じ。
[14] 鳫咲子(2022)「教育無償化に向けて─韓国の親環境給食の無償化を踏まえて─」『跡見学園女子大学マネジメント学部紀要』34号 p.27
[15] 塩尻市「小中学校の給食会計が公会計になりました」
　　https://www.city.shiojiri.lg.jp/soshiki/39/2792.html（2023年9月5日閲覧）
[16] 文部科学省「学校給食費の公会計化について」https://www.mext.go.jp/component/a_menu/education/detail/__icsFiles/afieldfile/2019/09/04/1420661-1_1.pdf（2023年9月5日閲覧）
[17] NHK「『給食費無償化』の動き　東京23区で広がる」
　　https://www.nhk.or.jp/shutoken/newsup/20230713c.html（2023年9月7日閲覧）
[18] 時事ドットコムニュース「給食無償化、全国規模で実態調査　実施時期は明記せず─少子化対策素案」https://www.jiji.com/jc/article?k=2023060100280&g=pol（2023年9月7日閲覧）

16

| サンプル | 調査報告型レポート |

科目名
△△△△先生

給食費未納問題の現状と課題
──給食費徴収の公会計化の効果──

××学部○○学科△△コース
学籍番号　氏名

キーワード：学校給食、給食費未納、公会計、私会計、会計方式

1. はじめに

　近年、給食費未納についての対応が社会的にも大きな課題となっている。『朝日新聞』2015年7月4日朝刊にあるように、給食費の未納額は財政の負担となり、未納者に対して法的措置を取るケースも出ているという。こうした状況の元で、埼玉県下の市立中学校4校で、学校給食費を3カ月間納めていない生徒の保護者に対して未納のままなら給食を停止する、弁当を持参してほしい、との趣旨の通知を出したところ、該当する43人全員が給食費を納入するか、納める意思を示したという事例もあった。未納者には担任教員が事前に家庭を訪問し、就学援助の仕組みを説明したが支払いに応じなかった。学校は支払えるのに支払わない事例であると判断したと述べている。

　学校給食については、自治体が一般会計に予算計上し、一括管理する「公会計」方式と、給食費の管理を各学校に任せる「私会計」方式とがあり、上記の学校がある自治体は、給食費の管理を各校に任せる「私会計」方式を採っていた。「私会計」方式のままでは、各学校や教員が独自に対応しなければならず、給食費の徴収に関する強制力が及びにくいため、未納につながりやすいといえよう。

　以上のように、給食費未納問題には、会計方式が関係していると考えられる。それでは、給食費未納問題の解決にはどのような方法があるのだろうか。

　このレポートでは、まず、学校給食をめぐる状況について検証する。そのうえで、給食費未納問題の解決につながる可能性がある給食費の公会計方式について考察する。

2. 給食費未納の現状とその背景

　現在、給食費未納が大きな問題となっている背景には何があるのだろうか。文部科学省「学校給食費の徴収状況に関する調査の結果について」によると、給食費未納の児童生徒がいた小中学校は45.6%、未納の児童生徒数は0.9%であることが明らかになった。学校給食費の未納額としては全体の0.4%に相当する金額である。学校給食費の未納に関する主な原因は、保護者としての責任感や規範意識の低さが68.5%であり、保護者の経済的な問題の18.9%を大きく上回っている。

　このことは、調査した学校の約4割の学校に給食費未納者がおり、そのうち、保護者としての責任感や規範意識の低さが原因である場合が半数を大きく上回ることを示している。

　以上のように、給食費未納問題の背景には、保護者の経済的な問題だけではなく、保護者の意識がかかわっている。そして、責任感や規範意識の低さからの未納には、鳶(2016)が指摘するように、子供に対する無関心など虐待につながるシグナルが隠されている場合もあるのでは

ないか。給食費未納に至る背景については慎重な検討が必要である。

3. 給食費の会計方式について

　保護者が給食費を未納する状態には、さまざまな背景があると同時に、子供に影響を及ぼす可能性も大きい。子供の健やかな成長のためにも、給食費未納問題は速やかに解決されるべきである。そして、その解決のためには、給食費を地方公共団体の会計に組み入れる公会計制度を採用することが有効なのではないだろうか。

　公会計方式のメリットについては、文部科学省が「教員の業務負担の軽減」「保護者の利便性の向上」「徴収・管理業務の効率化」「透明性の向上、不正の防止」「公平性の確保」「給食の安定的な実施・充実」を挙げている。既に公会計方式を導入している長野県塩尻市では、給食費を児童手当から天引きできることにより、通帳残高や納付期限の心配がないことをメリットとしている。また、同市は口座振替の手数料も負担しているという。公会計方式により、給食費の強制的な徴収がなされることで、結果的に安定した給食の提供にもつながるのである。

　公会計方式にすることには他にもメリットがある。文部科学省「教員勤務実態調査（令和4年度）」によると、長時間勤務の教員が多い状況が報告されている。また、『読売新聞』2021年8月7日朝刊には、保護者と学校のトラブル解決や予防にスクールロイヤーの存在が期待されていることが記されている。私会計方式では、学校が給食費を管理するため、保護者への対応など、教員の負担が増加する可能性が高い。しかし、公会計化により、教員の負担が軽減され、保護者とのトラブルも減少することにつながるだろう。

　給食費の徴収方法を、私会計方式から公会計方式に整備することには乗り越えるべき課題も多い。しかし、前述のように子供が安定して給食の提供を受けるには、給食費の公会計化が大きな役割を果たすだろう。

4. むすび

　給食費を安定して徴収することは、子供に安定した給食を提供することにつながるため、未納問題の解決は不可欠である。しかし、未納問題の背景には、保護者の経済的な問題のみならず、保護者の責任感や規範意識の欠如も関係している。そうした複合的な問題の解決のためには、現在のように学校が徴収を担うのではなく、自治体が直接徴収する公会計方式に移行することで安定した徴収につながる可能性が高い。そのことは、現在、長時間勤務が問題となっている教員の負担軽減にもつながるだろう。

　給食費の公会計化を行う自治体を増やすことは、安定した給食の提供に急務である。

引用文献

「『給食停止』当然？やり過ぎ？」『朝日新聞』2015年7月4日朝刊
文部科学省「学校給食費の徴収状況に関する調査の結果について」（平成28年度）https://warp.ndl.go.jp/info:ndljp/pid/11402417/www.mext.go.jp/b_menu/houdou/30/07/__icsFiles/afieldfile/2018/07/27/1407551_001.pdf（2023年9月5日閲覧）
鳫咲子（2016）『給食費未納　子どもの貧困と食生活格差』光文社 p.57
文部科学省「学校給食費の公会計化について」https://www.mext.go.jp/component/a_menu/education/detail/__icsFiles/afieldfile/2019/09/04/1420661-1_1.pdf（2023年9月5日閲覧）
塩尻市「小中学校の教職会計が公会計になりました」https://www.city.shiojiri.lg.jp/soshiki/39/2792.html（2023年9月5日閲覧）
文部科学省「教員勤務実態調査（令和4年度）集計【速報値】」https://www.mext.go.jp/content/20230428-mxt_zaimu01-000029160_1.pdf（2023年9月5日閲覧）
「学校弁護士　活用に課題　保護者トラブル解決　期待も…」『読売新聞』2021年8月7日大阪版朝刊

サンプル　解説付き調査報告型レポート

科目名
△△△△先生

給食費未納問題の現状と課題
——給食費徴収の公会計化の効果——

××学部○○学科△△コース
学籍番号　氏名

キーワード：学校給食、給食費未納、公会計、私会計、会計方式

1. はじめに

問題の背景

　近年、給食費未納についての対応が社会的にも大きな課題となっている。『朝日新聞』2015年7月4日朝刊にあるように、給食費の未納額は財政の負担となり、未納者に対して法的措置を取るケースも出ているという。こうした状況の元で、埼玉県下の市立中学校4校で、学校給食費を3カ月間納めていない生徒の保護者に対して未納のままなら給食を停止する、弁当を持参してほしい、との趣旨の通知を出したところ、該当する43人全員が給食費を納入するか、納める意思を示したという事例もあった。未納者には担任教員が事前に家庭を訪問し、就学援助の仕組みを説明したが支払いに応じなかった。学校は支払えるのに支払わない事例であると判断したと述べている。

　学校給食については、自治体が一般会計に予算計上し、一括管理する「公会計」方式と、給食費の管理を各学校に任せる「私会計」方式とがあり、上記の学校がある自治体は、給食費の管理を各校に任せる「私会計」方式を採っていた。「私会計」方式のままでは、各学校や教員が独自に対応しなければならず、給食費の徴収に関する強制力が及びにくいため、未納につながりやすいといえよう。

問題提起

　以上のように、給食費未納問題には、会計方式が関係していると考えられる。それでは、給食費未納問題の解決にはどのような方法があるのだろうか。

レポートの目的

　このレポートでは、まず、学校給食をめぐる状況について検証する。そのうえで、給食費未納問題の解決につながる可能性がある給食費の公会計方式について考察する。

2. 給食費未納の現状とその背景

事実

　現在、給食費未納が大きな問題となっている背景には何があるのだろうか。文部科学省「学校給食費の徴収状況に関する調査の結果について」によると、給食費未納の児童生徒がいた小中学校は45.6％、未納の児童生徒数は0.9％であることが明らかになった。学校給食費の未納額としては全体の0.4％に相当する金額である。学校給食費の未納に関する主な原因は、保護者としての責任感や規範意識の低さが68.5％であり、保護者の経済的な問題の18.9％を大きく上回っている。

解釈

　このことは、調査した学校の約4割の学校に給食費未納者がおり、そのうち、保護者としての責任感や規範意識の低さが原因である場合が半数を大きく上回ることを示している。

考察

　以上のように、給食費未納問題の背景には、保護者の経済的な問題だけではなく、保護者の意識がかかわっている。そして、責任感や規範意識の低さからの未納には、鳶（2016）が指摘するように子供に対する無関心など虐待につながるシグナルが隠されている場合もあるのではないか。給食費未納に至る背景については慎重な検討が必要である。

3. 給食費の会計方式について

　保護者が給食費を未納する状態には、さまざまな背景があると同時に、子供に影響を

及ぼす可能性も大きい。子供の健やかな成長のためにも、給食費未納問題は速やかに解決されるべきである。そして、その解決のためには、給食費を地方公共団体の会計に組み入れる公会計制度を採用することが有効なのではないだろうか。

事実 公会計方式のメリットについては、文部科学省が「教員の業務負担の軽減」「保護者の利便性の向上」「徴収・管理業務の効率化」「透明性の向上、不正の防止」「公平性の確保」「給食の安定的な実施・充実」を挙げている。既に公会計方式を導入している長野県塩尻市では、給食費を児童手当から天引きできることにより、通帳残高や納付期限の心配がないことをメリットとしている。また、同市は口座振替の手数料も負担しているという。

解釈 公会計方式により、給食費の強制的な徴収がなされることで、結果的に安定した給食の提供にもつながるのである。

事実 公会計方式にすることには他にもメリットがある。文部科学省「教員勤務実態調査（令和４年度）」によると、長時間勤務の教員が多い状況が報告されている。また、『読売新聞』2021年8月7日朝刊には、保護者と学校のトラブル解決や予防にスクールロイヤーの存在が期待されていることが記されている。私会計方式では、学校が給食費を管理するため、保護者への対応など、教員の負担が増加する可能性が高い。しかし、公会計化により、教員の負担が軽減され、保護者とのトラブルも減少することにつながるだろう。

解釈 給食費の徴収方法を、私会計方式から公会計方式に整備することには乗り越えるべき課題も多い。

考察 しかし、前述のように子供が安定して給食の提供を受けるには、給食費の公会計化が大きな役割を果たすだろう。

4. むすび

まとめ 給食費を安定して徴収することは、子供に安定した給食を提供することにつながるため、未納問題の解決は不可欠である。しかし、未納問題の背景には、保護者の経済的な問題のみならず、保護者の責任感や規範意識の欠如も関係している。そうした複合的な問題の解決のためには、現在のように学校が徴収を担うのではなく、自治体が直接徴収する公会計方式に移行することで安定した徴収につながる可能性が高い。そのことは、現在、長時間勤務が問題となっている教員の負担軽減にもつながるだろう。

給食費の公会計化を行う自治体を増やすことは、安定した給食の提供に急務である。

引用文献

「『給食停止』当然？やり過ぎ？」『朝日新聞』2015年7月4日朝刊

文部科学省「学校給食費の徴収状況に関する調査の結果について」（平成28年度）https://warp.ndl.go.jp/info:ndljp/pid/11402417/www.mext.go.jp/b_menu/houdou/30/07/__icsFiles/afieldfile/2018/07/27/1407551_001.pdf（2023年9月5日閲覧）

鳫咲子（2016）『給食費未納　子どもの貧困と食生活格差』光文社 p.57

文部科学省「学校給食費の公会計化について」https://www.mext.go.jp/component/a_menu/education/detail/__icsFiles/afieldfile/2019/09/04/1420661-1_1.pdf（2023年9月5日閲覧）

塩尻市「小中学校の教職会計が公会計になりました」https://www.city.shiojiri.lg.jp/soshiki/39/2792.html（2023年9月5日閲覧）

文部科学省「教員勤務実態調査（令和4年度）集計【速報値】」https://www.mext.go.jp/content/20230428-mxt_zaimu01-000029160_1.pdf（2023年9月5日閲覧）

「学校弁護士　活用に課題　保護者トラブル解決　期待も…」『読売新聞』2021年8月7日大阪版朝刊

サンプル　　参考：小論文

テーマ
給食費未納に関する新聞記事を読み、あなたの考えを 800 字〜 1000 字以内で述べなさい。

　現在、給食費の未納が問題となっている。『読売新聞』2019 年 1 月 23 日の記事によると、自治体によっては、給食費を支払わない家庭と訴訟になる事例もあるという。こうした事例を防ぐために、給食費の徴収については、未納が起きないような強制的な徴収の仕組みと同時に、未納に至る背景を抱える家庭をサポートする仕組みもまた、必要なのではないだろうか。

　厚生労働省(2022)によると、「生活が苦しい」とする世帯は、子供のいる世帯が子供のいない世帯を上回っており、母子家庭では特に顕著である。こうした現状は、給食費の支払いにも影響を及ぼしていることが予測される。鳫(2022)は、給食費という、子どもの生活に深く関わる費用が支払えない家庭に、ライフラインの未納が起こっている可能性があることを指摘している。このことから、給食費未納は子供の置かれた厳しい状況と密接に関わっている可能性がうかがえる。

　一方、支払えるにもかかわらず支払わない保護者への対応も必要である。モラルが欠如している場合と、保護者自身の精神状況などのケアが必要な場合とがあると考えられる。鳫(2016)は、子供の経済に関わる事例が起こった場合の背景に、ネグレクトがある可能性を指摘している。いずれの場合も、そうした保護者によって養育される子供のケアが必要であり、支払いの督促と同時に、家庭環境への配慮が必要である。

　このように、複雑な背景と関わる給食費の管理を学校が行っている場合も多い。部活動を始めとする教員の過重労働が社会問題となっているなかで、それぞれの家庭状況を調査し、外部機関とも連携しながら対応することは物理的に困難であろう。『朝日新聞』2023 年 5 月 23 日朝刊によると、学校や教員の業務の一部を外部に委託していく働き方改革が議論される必要があるという。給食費未納についても自治体などがその管理を担う必要があるのではないだろうか。

　そのためには、まず、給食費、及び、外部機関や家庭との連携を担い、サポートする人員を確保するための費用を、自治体が負担するべきである。そのことが、将来的な給食費の完全無償化につながるだろう。栄養が考慮された給食は、子供にとって重要な役割を果たす。また、無償化することで学校の負担を減らすこともできるだろう。政府の給食費無償化への取り組みが求められる。

引用文献

「給食費滞納 2 世帯に簡裁全額納付命じる」『読売新聞』2019 年 1 月 23 日朝刊

厚生労働省(2022)「2022（令和 4 ）年　国民生活基礎調査の概況」https://www.mhlw.go.jp/toukei/saikin/hw/k-tyosa/k-tyosa22/index.html（2023 年 8 月 4 日閲覧）

鳫咲子(2022)「教育無償化に向けて―韓国の親環境給食の無償化を踏まえて―」『跡見学園女子大学マネジメント学部紀要』34 号 p.28

鳫咲子(2016)『給食費未納　子どもの貧困と食生活格差』光文社 p.57

「教員処遇、改善へ議論　残業代・働き方、中教審に諮問」『朝日新聞』2023 年 5 月 23 日朝刊

サンプル | **参考：解説付き小論文**

テーマ
　給食費未納に関する新聞記事を読み、あなたの考えを800字～1000字以内で述べなさい。

問題の背景

　現在、給食費の未納が問題となっている。『読売新聞』2019年1月23日の記事によると、自治体によっては、給食費を支払わない家庭と訴訟になる事例もあるという。こうした事例を防ぐために、給食費の徴収については、未納が起きないような強制的な徴収の仕組みと同時に、未納に至る背景を抱える家庭をサポートする仕組みもまた、必要なのではないだろうか。

問題提起
主張

　厚生労働省(2022)によると、「生活が苦しい」とする世帯は、子供のいる世帯が子供のいない世帯を上回っており、母子家庭では特に顕著である。こうした現状は、給食費の支払いにも影響を及ぼしていることが予測される。鳫(2022)は、給食費という、子どもの生活に深く関わる費用が支払えない家庭に、ライフラインの未納が起こっている可能性があることを指摘している。このことから、給食費未納は子供の置かれた厳しい状況と密接に関わっている可能性がある。

根拠1

　一方、支払えるにもかかわらず支払わない保護者への対応も必要である。モラルが欠如している場合と、保護者自身の精神状況などのケアが必要な場合とがあると考えられる。鳫(2016)は、子供の経済に関わる事例が起こった場合の背景に、ネグレクトがある可能性を指摘している。いずれの場合も、そうした保護者によって養育される子供のケアが必要であり、支払いの督促と同時に、家庭環境への配慮が必要である。

根拠2

　このように、複雑な背景と関わる給食費の管理を学校が行っている場合も多い。部活動を始めとする教員の過重労働が社会問題となっているなかで、それぞれの家庭状況を調査し、外部機関とも連携しながら対応することは物理的に困難であろう。『朝日新聞』2023年5月23日朝刊によると、学校や教員の業務の一部を外部に委託していく働き方改革が議論される必要があるという。給食費未納についても自治体などがその管理を担う必要があるのではないだろうか。

根拠3

　そのためには、まず、給食費、及び、外部機関や家庭との連携を担い、サポートする人員を確保するための費用を、自治体が負担するべきである。そのことが、将来的な給食費の完全無償化につながるだろう。栄養が考慮された給食は、子供にとって重要な役割を果たす。また、無償化することで学校の負担を減らすこともできるだろう。政府の給食費無償化への取り組みが求められる。

主張と
まとめ

引用文献

「給食費滞納2世帯に簡裁全額納付命じる」『読売新聞』2019年1月23日朝刊

厚生労働省(2022)「2022（令和4）年　国民生活基礎調査の概況」https://www.mhlw.go.jp/toukei/saikin/hw/k-tyosa/k-tyosa22/index.html（2023年8月4日閲覧）

鳫咲子(2022)「教育無償化に向けて―韓国の親環境給食の無償化を踏まえて―」『跡見学園女子大学マネジメント学部紀要』34号 p.28

鳫咲子(2016)『給食費未納　子どもの貧困と食生活格差』光文社 p.57

「教員処遇、改善へ議論　残業代・働き方、中教審に諮問」『朝日新聞』2023年5月23日朝刊

ライティングスキル編

ライティングスキル編では、大学でレポートを作成するためのスキルを学びます。レポートとはどのようなものかを確認し、レポートにふさわしい表現や表記、引用ルール、図表の示し方を学んでいきます。説得力のある文章を書くためのスキルも掲載していますので、レポート作成時に活用してください。

第1課 レポートって何だろう

目標 ① レポートと感想文の違いを理解できる。
② 大学の授業で提出するレポートの種類が分かる。

マナビの失敗

マナビは、大学に入学し、初めてレポートを書くことになりましたが、レポートに何を書けばよいか分からず、テーマに関する感想を書いて提出しました。後日、担当の先生から、次回は感想文ではなく、レポートを提出するように注意されました。

マナビは、感想文とレポートの違いが分かりません。

マナビのレポート

太陽光発電は、すごいと思います。自然の力で電気ができるなんて初めて知りました。もっと再生可能エネルギーの利用が広まればいいと思いました。

1 レポートとは

大学におけるレポートとは、学問的内容に関する報告書です。レポートには、調査報告型レポート、論証型レポート、ブックレポート、実験(検)報告書、実習報告書などさまざまな種類があります。自分の学問的成果を教員に対して述べるのがレポートですから、読書感想文のように自分の感想を述べる文章とは根本的に異なります。

2 レポートにはいろいろな種類がある

レポートと作文や感想文、小論文の違いを以下の対照表で確認してみましょう。

2-1 作文・感想文／小論文／レポートの比較

	作文・感想文	小論文	調査報告型レポート	論証型レポート	ブックレポート
感想	○ 感じたことを記す	×	×	×	△ 基本的には不要だが、課題の内容による
意見・主張	△ 意見があれば、記してもよい	○ 自分の意見が必要である	△ 調査内容について考察を述べる（意見や主張までは、求められないことが多い）	◎ 客観的な根拠を伴った主張が必要である	△ 読んだ本についての考察を述べることが多い（意見や感想を求められることもある）
資料調査	×	△ 指定資料がある場合は、それを参照する	◎ 詳細な調査を行い、資料読解をとおして明らかになったことを、問題の背景説明や、考察として述べる	◎ 詳細な調査を行い、資料読解をとおして明らかになったことを、問題の背景説明や、主張の裏付けとする	△ 指定図書がないときは、自分で本を探す
ポイント	基本的には自由だが、読みやすさに配慮する	論点をしぼり、それに対する意見を述べる（サンプル小論文参照）	問題背景を理解したうえで問題提起を行い、それに対する資料読解と考察を示す（サンプルレポート参照）	問題背景を理解したうえで問題提起を行い、それに対する主張（具体的方策）を、根拠を提示しながら示す（サンプルレポート参照）	本の内容を要約し、それに対する考察などを述べる

ライティングスキル編

第2課 レポートにふさわしい表現・表記って何だろう

 レポートにふさわしい表現・表記を適切に使うことができる。

マナビの失敗 マナビがレポートを提出しましたが、以下のように多くの問題点を指摘されてしまいました。

マナビのレポート

表記✕　　文体✕

僕は スマホを小学生が持つ事に反対です。なぜなら、スマホは危険だからです。スマホを持つ事で、いじめに巻き込まれる事もあるだろうし、そんな危険をおかすべきではないと思う。

話し言葉✕

チャレンジ！

 以下の文章の下線部が適切な場合は○を、直したほうがよい場合は✕を付けてみましょう。

1）だから、今後の改善が求められる。

2）施設建設にはたくさんの お金がかかる。

3）この作業には多くの人々がかかわっている。

4）わからない事があったら、質問してください。

5）子供のケータイの所持について考える。

1 レポートにふさわしい表現とは

　レポートは、客観的な資料を元に、明らかになったことや、主張等を論理的に述べる必要があります。そのため、誰が読んでも分かりやすい書き言葉を使用し、主観的な表現を用いないようにしましょう。

 以下の例文 1 は、レポートにはふさわしくない表現が含まれています。該当箇所に下線を引きましょう。

例文 1

　最近、給食費未納の問題がある。給食費の未納は、親のモラルの問題とも関係している。給食費を支払えるのに支払わない家庭については、給食を出すのを止めてお弁当を持ってこさせるという自治体もあるらしい。しかし、給食費を支払わない保護者が悪いのに、子供に給食を出さないのはかわいそうだと思う。

　例文 1 の文章のなかの言葉をほかの言葉に言い換えることはできないか、表現例を考えてみましょう。なお、答えは 1 つではありません。

例文 1	表現例
例　最近	近年

第2課

> 例文1の推敲例
>
> 　近年、給食費未納の問題が起こっている。給食費未納の原因の1つとして、親のモラルの低下が挙げられる。給食費を支払えるのに支払わない家庭については、給食を提供するのを止め、弁当を持参させる自治体もあるという。しかし、保護者の給食費未納に対して児童生徒に給食を提供しないのは、教育的配慮に欠けるのではないか。

　例文1で確認したように、レポートにふさわしい表現があります。以下に最も基本的な表現について示しますので、自分でレポートを書く際に参照しましょう。

1-1　基本的な表現ルール

適切ではない文体・文末	レポートにふさわしい文体・文末
です・ます	だ・である
思います・考えます	考える・考えられる・推測する・と言える・と言えよう・〜(の)ではないか・のではないだろうか

適切ではない表現	レポートにふさわしい表現
みたいだ	ようだ
書く	述べる
ですが・でも・だけど	しかし・だが
だから・なので	したがって
あと	また
それから	さらに
じゃあ	では
こんな・あんな・そんな・どんな	このような・あのような・そのような・どのような
たくさんの	多くの・多数の
いろいろな	さまざまな
とても・すごく	大変・非常に
たぶん	おそらく
ちょっと	少し・多少・若干
全部	全て
全然	全く
だいたい	およそ
どっちも・どちらも・どっちみち	いずれも

ほかの表現例についてはテキスト付録3(p.124)を参照しましょう。

チャレンジ！の解答：1)×　2)×　3)○　4)×　5)×

2　レポートにふさわしい表記とは

　レポートは、誰が読んでも分かりやすいものにする必要があるため、表記についても一定のルールに従って書くことを心がけましょう。

2-1　漢字と平仮名の使い分け（表記の目安）

　公用文、新聞・出版物などの表記は基本的に、内閣告示による『常用漢字表』（一般の社会生活において現代の国語を書き表すための漢字使用の目安。2,136字）に含まれる漢字を用い、それ以外はむやみに使わない傾向にあります。

　一方、常用漢字表内字であっても平仮名で書く場合があります。例えば、「形式名詞」がそれに当たります。

　では、以下の1）、2）でレポートにふさわしいのはどちらでしょうか。

　　　　　1）アンケート調査をしたところ、賛成が過半数であった。
　　　　　2）アンケート調査をした所、賛成が過半数であった。

　上記の「ところ」「所」は、「した」という動詞を形式的に名詞にするために用いたものです。その機能から「形式名詞」と呼ばれていますが、「所」で表される＇場所＇の意味は持っていません。こういった場合は平仮名で書くのが一般的で、この類には「物・もの」「時・とき」「事・こと」などがあります。

　しかし、紙面や表示スペースに余裕のない場合は、文字数を節約できるように漢字を用いる傾向もあります。また、作家など、個人の考えで独自の表記ルールを実践している人もいます。

　では、レポートはどうでしょうか。調査・研究対象について、自分の立場や考えを読み手に理解してもらえるよう、個人のこだわりや難読漢字の使用は避け、一般的な表記のルールに従うことが求められます。それと同時に、常用漢字を用いる言葉については、平仮名にはせず、漢字で表記するよう心がけましょう。

　以下に、公用文における漢字使用などについて、主要部分を提示します。大学生の書くレポートや論文は、厳密にこれらに従わなくてもよいのですが、一定の目安となるので参考にしましょう。ただし、1つの文章内では表記を統一しなければなりません。このことは、目安を厳密に守ることよりも重要だと言えます。

ライティングスキル編

2-2　基本的な表記ルール

漢字で書くべきもの

常用漢字表内字	常用漢字 2,136 字 （2010 年内閣告示第 2 号）
漢字熟語	例）{○復讐 ×復しゅう} 　　{○拿捕 ×だ補} ※常用漢字表外字であっても交ぜ書きは読み手を混乱させるので、漢字で書くことが多い。難しい場合は、言い換えや振り仮名（ルビ）を振るなどの工夫をする。

常用漢字表外字・表外音訓だが、漢字で書くもの

固有名詞	人名、地名、学校名、会社名、商標名 など
栄典・称号・官職名	例）藍綬褒章（らんじゅほうしょう）、枢機卿（すうききょう） など
文学作品・映画 美術品・テレビ 歌謡曲などの題名	例）『天平の甍（てんぴょうのいらか）』 　　『鞍馬天狗（くらまてんぐ）』 など
古典芸能	例）義太夫（ぎだゆう）、箏曲（そうきょく）、常磐津（ときわづ） など
専門分野の用語	例）涅槃（ねはん）、瑕疵担保（かしたんぽ）、隕石（いんせき）、巻層雲（けんそううん） など
そのほか	・小説、短歌、俳句、川柳、詩などの文芸作品や古文の引用 ・言い換え、書き換えが困難なもの

※難読語や読みの区別がつきにくい語は振り仮名（ルビ）を振りましょう。

原則、漢字で書くもの

代名詞	例）俺、彼、誰、何、僕、私、我々
副詞（※例外あり）	例）余り、至って、大いに、恐らく、概して、必ず、必ずしも、辛うじて、極めて、殊に、更に、実に、少なくとも、少し、既に、全て、絶えず、互いに、直ちに、例えば、次いで、常に、特に、突然、初めて、果たして、甚だ、再び、全く、無論、最も、専ら、僅か
※例外	例）かなり、やはり、よほど
連体詞（※例外あり）	例）明くる、大きな、来る、去る、小さな、我が〜
※例外	例）ある（×或る）、この（×此の）、その（×其の）

原則、平仮名で書くもの

感動詞	例)ああ(×嗚呼)、おはよう(×お早う)、 　　こんにちは(×今日は) など
接頭語	接頭語が付く語を漢字で書く場合は、原則として漢字で書き、接頭語が付く語を平仮名で書く場合は、原則として平仮名で書く。 例)御案内(御+案内) 　　ごもっとも(ご+もっとも)
接尾語	例)げ(×惜し気もなく) 　　ども(×私共) 　　ぶる(×偉振る) 　　み(×弱味) 　　め(×少な目)
助動詞・副助詞	例)ようだ(×それ以外方法がない様だ) 　　ない(×現地には行か無い) 　　ぐらい(×20歳位の人) 　　ほど(×3日程経過した)
接続詞(※例外あり)	例)おって、かつ、したがって、ただし、ところが、また、ゆえに
※例外	例)及び、並びに、又は、若しくは
形式名詞	**形式上は名詞であるが、実質の意味を持っていないものを言う。ただし、実質名詞として使用する場合は漢字にする例も多い。** 例)こと(×許可しない事がある) 　　とき(×事故の時は連絡する) 　　ところ(×現在の所、差し支えない) 　　わけ(×賛成する訳にはいかない) 　　もの(×正しい物と認める) 　　とおり(×次の通りである) 　　(と)とも(に)(×説明すると共に) 　　ゆえ(一部の反対故にはかどらない)
補助用言	**ほかの動詞の補助的な働きをする動詞・形容詞を補助用言と呼び、平仮名で表記する。** 例)〜てあげる(×図書を貸して上げる) 　　〜ていく(×負担が増えて行く) 　　〜ていただく(×報告して頂く) 　　〜ておく(×通知して置く) 　　〜てくる(×寒くなって来る) 　　〜てみる(×努力して見る) 　　〜てよい(×連絡して良い)

第2課

レポートを書くうえで特に注意すべき箇所はグレーにしてあるので、確認しましょう。

ライティングスキル編

| そのほか | 例）ある（×その点問題が有る）
　　いる（×ここに関係者が居る）
　　できる（×だれもが利用出来る）
　　ない（×欠点が無い）
　　なる（×合計すると１万円に成る）
　　ほか（×その他…、特別な場合を除く他…） |

参照：文化庁「公用文における漢字使用等について」

代名詞・副詞・接続詞・連体詞や接頭語などでは、漢字を使用する場合と平仮名を使用する場合があるので、同じ文章内で不統一にならないよう注意する必要があります。

 ## 縦書きの表記

　横書きの文章を書く場合、一般に数字は算用数字（1、2、3…）を用いますが、縦書きの文章を書く際の数字は、漢数字（一、二、三…）を用います。また、縦書きの場合、数字の単位が大きい場合は、千、万、億など漢字を用います。

　ただし、横書きであっても、慣用的な表現については、漢数字を使います。例えば、「一石二鳥」は「1 石 2 鳥」とは書きません。

3　読点の役割

3-1　読点とは

　読点（「、」）は、言葉がどこで切れるかを明確にします。読みやすい文章にするためにも適切に使う必要があります。

　次の文を読んでみましょう。どのように解釈できますか。

例 1）　私は携帯電話を見ながら食事をしている子供を注意した。

　ここで問題となるのは、「携帯電話を見ているのは誰か」ということです。

　2 つの可能性があることに気づいたでしょうか。書き手の意図を誤解なく読み手に伝えるには、どうしたらよいでしょうか。携帯電話を見ている行為者に着目し、読点を打つと次のようになります。

【私】私は携帯電話を見ながら、食事をしている子供を注意した。

【子供】私は、携帯電話を見ながら食事をしている子供を注意した。

　例2も考えてみましょう。

　例2）　マナビさんは急いで資料をコピーしているえんぴつさんに追加資料を渡した。

3-2　読点を打つべき箇所

　読点の打ち方には個人差があるものの、一方で一定のルールがあります。以下を参照しましょう。また、一文が長くなるときは、読みにくくならないよう読点を打つことを意識しましょう。

・連用中止のあと

　例）　学校給食費の納入システムを<u>検証し</u>、それらの統一を提唱した。

　※連用中止とは、ここでは「検証する」の連用形「検証し」の形で、ほかの語と接続せずに区切る形を言います(例「よく<u>学び</u>、よく遊ぶ」)。

・文頭の接続詞のあと

　例）　<u>つまり</u>、全ての学校で給食を実施しているわけではないのだ。

・文中の接続表現のあと

　例）　学校給食は単なる食事に<u>とどまらず</u>、学校教育の一環でもある。

句読点を横書きでどう表すか

　横書きの場合、「、」や「。」の記号を「,」や「.」で示す場合があります。これは、もともと日本語が縦書きであったところに、横書きの文化が入ってきたために使われるようになりました。現在では、横書きの公文書は「,」「。」または、「、」「。」で表記されています。

　しかし、個人の考えや専門性から、横書きであっても「、」「。」を使う場合や「,」「.」を使う場合、折衷型で「,」と「。」を使う場合とさまざまです。

ライティングスキル編

 時代とともに変化する言葉や表記

　言葉・表記は時代や人々の意識によって変化するものです。

　例えば、「障害者」は近年では「障碍者」「障がい者」と記述するのが主流となってきています。この背景には、「害」という文字のイメージがよくないこと、漢字の持つ意味が実際に指し示す意味と異なることが挙げられます。

　このように、社会や人々の意識変化が言葉や表記に反映されているのです。今私たちが当たり前のように捉えている言葉や表記も、今後変化していく可能性を秘めていると言えるでしょう。

STEP 2　平仮名で書いたほうがよい箇所に下線を引きましょう。

1) 実務を経験した事の無い人が、この仕事をこなせる訳がない。

2) 薬は、医師の指示通りに飲まなければならない。

3) このペースだと、今週の内に作業が完了する筈がない。

4) 出来るだけ期限は守った方がよい。

5) 聞く所によると、今年の入学志願者は可成増えたらしい。

6) 健康の為に、朝晩ウォーキングをする様にしている。

7) 将来は、社会に貢献出来る様な仕事に就いて見たい。

8) 1人で食事をしていると、矢張り、家族が恋しくなるものだ。

9) 自分の強味を活かせる様な仕事に就きたい。

10) 或る関係者の話によると、このプログラムへの参加者は 30 歳位が最も多い。

STEP 3 漢字で書いたほうがよい箇所を漢字で書きましょう。

1) わがくににおいてしょうしこうれいかはしんこくなしゃかいもんだいである。

2) 「さかもとりょうま」のようないきかたにあこがれるものはすくなくない。

3) したがってそれいがいにはほうほうがないことがわかった。

STEP 4 適当な場所に読点を打ちましょう。

1) これまで注意喚起が行われてきたが違法行為は後を絶たない。

2) 私はこの意見に賛成だ。しかしさらに多くのデータを収集し分析する必要があるであろう。

次の文章の表現・表記が不適切な箇所を改め、段落を設けて原稿用紙に書きましょう。句読点は各自で適宜設けること。

ライティングスキル編

女性専用車両を巡って議論が起こっている／ひとつは女性ばかりが優遇されているのではないかという意見だ／通勤時間の満員電車ではだれもが不快な思いに耐えながら電車に乗り込んでいる／女性ばかりがすいている電車に乗れるのは不公平ではないかと言う意見もある／女性専用車両が無くなればその分男性が余裕をもって乗れると言う／又男性はチカンをするモノだというレッテルも人権を無視していると感じている男性も少なくない／いっぽう女性専用車両は必要だと主張する側は女性をチカンから守る為には必要だと主張している／現にチカン被害は後を絶たない／どれだけ不快できょうふを感じるかは被害者でなければわからない／被害者はその後電車に乗るさい精神的な苦痛を感じるケースも有るという／このような意見の対立は明確な結論を得られないままなおも続いている／

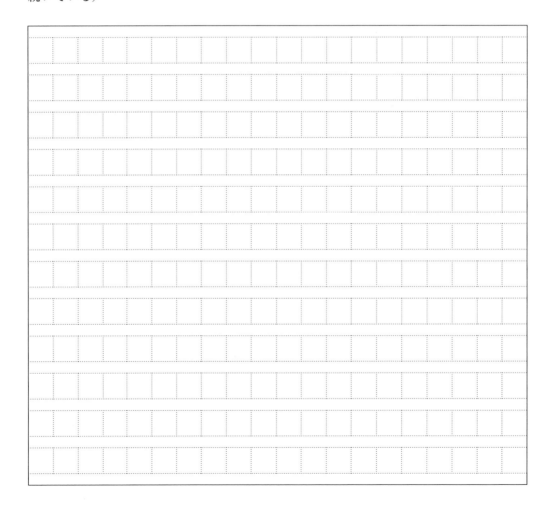

ライティングスキル編

第3課　引用の目的を知り、使えるようになろう

目標 ① 引用の目的・ルールが理解できる。
② 効果的な引用ができる。

マナビの失敗　マナビは、引用について学んだので、早速資料を引用したレポートを書いてみました。しかし、先生から「引用の仕方に問題があります」と言われてしまいました。

マナビのレポート

引用が長すぎます。
引用の仕方を確認しましょう。

学校給食におけるアレルギー対策について
○○学部○○学科○○コース
学籍番号 マナビ

　近年、食物アレルギーのある子供たちが増えている。日本では多くの学校で給食制度を導入しているが、アレルギーへの対応が十分でないことから、事故も増えている。そこで、文部科学省「新年度の学校給食における食物アレルギー等を有する児童生徒等への対応等について」http://www.mext.go.jp/a_menu/sports/syokuiku/1332720.htm（2016年8月26日閲覧）では、以下のように注意喚起している。

　　学校給食の適切な実施については、かねてから格別の御配慮をお願いしているところです。

　　平成24年12月、東京都調布市の小学校で、食物アレルギーを有する児童が、学校給食終了後、アナフィラキシーショックの疑いにより亡くなるという事故があったところです。

　　新年度からの学校給食の実施に当たっては、児童生徒の新入学や転入のほか教職員の人事異動等多くの面で環境の変化が予想されますが、食物アレルギー等を有する児童生徒の対応に関して、以下の参考資料及び別紙も参照しながら、改めて、校内体制等の再確認を行っていただき、個々の児童生徒等の状況に応じた万全の体制での対応に努めていただくようお願いします。

　　つきましては、各都道府県教育委員会学校給食主管課においては、域内の市町村教育委員会並びに所管の学校及び学校給食施設に対し、各都道府県私立学校主管課においては、所管の学校法人等に対し、周知くださるようお願いします。

　このように、全国の自治体などに対し、アレルギー対応について呼びかけていることが分かる。

1　引用とは

　引用とは「誰かがすでに話したり書いたりしたことばを、二次的利用であることを明示しつつ、形態・内容ともできるかぎり忠実に再現したものである」(石黒 2011)と定義されています。つまり、自分の書くレポートや論文に、ほかの人の意見やデータなどを取り入れ、提示したり比較検討したりする際に、一定のルールに則って示さなければならないのです。

事実と意見を分ける

　　人の主張やデータなどを自分のものであるかのように書いてはいけません。読み手に誤解を与えないように注意を払いましょう。意図的・非意図的であるにかかわらず、他人の主張やデータを引用の手続きを踏まずに利用することは「剽窃」と言い、犯罪となります。特に、資料に書かれていることが自分の言いたいことと同じ内容である場合、無意識に自分の考えのように書いてしまわないようにしましょう。

　　さらに、自分に都合よくデータを「改ざん」することは絶対に許されません。万一、意図的でなくとも、読み手にそのような誤解を招いてはいないか常に注意を払いましょう。

　　著作権に対する意識は、近年ますます高まってきています。大学でのレポートだけでなく、社会に出てからもその意識は必要とされます。心得ておきましょう。

コピペはダメ！

2 引用の目的

　なぜ大学で書くレポートには引用が必要だとされているのでしょうか。これは、自分の感想やぼんやりとした考えをただ連ねるのではなく、資料による客観的な事実やデータを用い、論理的な文章を書くことが求められているからです。また、事実を報告するだけではなく、自分の主張を述べる必要が出てきます。このような場合は、それらがいかに正しいかという自説を強化するために、他人の主張や先行研究を引用します。効果的な引用をするために、次の点を意識しましょう。

①自分が述べることについての説明や具体例を示す（定義、背景説明など）。

②先行研究などを提示し、自分の説がこれまでとは異なる視点からのアプローチを試みていることや、これまでになかった新しい視点であることを示す。

③自分の主張と同じ意見を提示し、自分の主張を強化する。

④反対意見を提示し、それが適切でないことを指摘することで自分の主張を強化する。

3 引用の際の注意点

　引用する際は、次の点に注意しましょう。

①論の展開上、引用する必要性があるか。

②信頼性のある資料を選択しているか。

　→個人のブログや商用目的のホームページ、古いデータなどは不適切である。

③孫引きはしていないか。

　（孫引きとは、引用しようとしている文献が、さらにほかの資料から引用しているにもかかわらず、元の資料を直接自分で調べることなく、そのまま引用することを言う。）

④分量は適切か。→必要以上に多く引用してはいけない。

⑤引用部分と自分で述べる文章に明らかな区別があるか。

　→「(出典)によれば〜という」「(出典)は〜と述べている」など引用しているとわかる表現を適切に使う。

⑥出典が明記されているか。→引用文献リストや注を付ける。

4　引用の方法

引用方法は大きく2つ（直接引用・間接引用）あります。

> ①引用文献から必要な箇所をそのまま抜き出して示す。　→**直接引用**
> ②引用文献にある内容を自分の主張や論展開にあわせて自分で適切にまとめたり、
> 　別の言葉に言い換えたりして示す。　→**間接引用**

いずれも、本文中に出典（著者や引用元の情報）を書き添えるか、注を付け、どこから引用したかという情報を付け加える必要があります。専門分野や個人によって細かい違いはありますが、以下のタイプ（文章内では著者名・刊行年（・ページ番号）のみを記し、そのほかの出典情報を別途文章末に「参考文献」や「引用文献」として一覧で示す場合）が、一般的だと言えるでしょう。

> ・著者名(刊行年)によると、…(引用文)…という。※出典を引用文の前に示す
> ・…(引用文)…(著者名、刊行年:ページ番号)。※引用文を先に提示し、出典を後ろに示す

4-1　直接引用の方法

直接引用は、文章を短く引用する場合と、長く引用する場合とで方法が異なります。

○短く引用する場合

引用する箇所を「　」で囲みます。この場合、「　」内の表現・文章は一字一句勝手に変えてはいけません。あくまでもオリジナルのまま書き示すことが求められます。たとえオリジナルの文章に誤字・脱字があっても、勝手に直してはいけません。その場合、該当箇所に(ママ)と示すのが一般的です。また、どこまでが短い文章なのかは判断が難しいですが、目安としては、2、3行までの長さと言えるでしょう。

例1)　内田樹（2008）は、宗教教育を考える前提として、宗教性について定義している。その1つが、「自分自身の『小ささ』の自覚」だとしている。

例2)　内田樹は、宗教教育を考える前提として、宗教性について定義している。その1つが、「自分自身の『小ささ』の自覚」だとしている（内田 2008: 251）。

※出典情報を文末に示し、ページ番号を記す場合もある。

オリジナルの文章内に「　」があった場合、その部分を『　』で示します。

ライティングスキル編

○**長く引用する場合（ブロック引用）**

短い文章を引用するときとは異なり、引用する箇所を「　」で囲みません。

行頭1字、又は、2字下げて書き、さらに前後を1行空けるなどして引用部分を浮き立たせるのがポイントです。直接引用は、その方法が異なっても、引用する表現・文章は一字一句勝手に変えないという点で共通しています。

引用は専門分野や個人によって異なります。自分の専門分野の引用方法について調べてみましょう。

例)

　　内田（2008）は、宗教教育を考える前提として、宗教性について以下のように定義している。

（1行空ける）

【2字下げ】
　　私自身は宗教性ということをこんなふうに考えています。自分を無限に拡がる時間と空間の中のわずか一点にすぎないという、自分自身の「小ささ」の自覚、そして、それにもかかわらず宇宙開闢以来営々と続いてきたある連鎖の中の一つの環として自分がここにいるという「宿命性」の自覚。この二つだろうと思います。

（1行空ける）

　　この記述からも言えるように、内田は・・・・・・・・・・・・・

4-2　間接引用の方法

引用したい箇所の長短にかかわらず、**主張や論展開にあわせて、その内容を自分の言葉でまとめたり、抜き出したりします。その際、内容を都合よく変えたり、オリジナル資料の文末表現だけを変えて（「です・ます体」を「だ・である体」に変える等）抜き出してはいけません。**また、「　」で括ったり、行頭2字下げしてはいけません。

　　例)　　内田（2008）は、宗教性とは自分自身の「小ささ」の自覚とある連鎖の中の1つの環として自分がここにいるという「宿命性」の自覚の2つだと定義している。

4-3 引用でよく使う表現

引用の際には以下の表現をよく用います。これらの表現を用いることによって、自分の文章と引用の部分とを明確に分けて示すことができます。

例1) ○○(2016)は、……と ¦述べている／指摘している／示唆している／論じている／明らかにしている／提案している／提唱している¦。

例2) ○○(2016) ¦によれば／によると¦ ……という。

4-4 出典の示し方

引用した場合、その引用した文献の情報(＝出典)を記す必要があります。これは、誰が・いつ・何というタイトルの文章か・何に掲載されているか・何ページに記載されているかなどの情報を表します。

○著書の場合

著者名(発行年)『書籍名』 出版社 ページ番号

例1) 安富歩 (2011)『生きる技法』青灯社 p.113

例2) 竹宮惠子・内田樹(2014)『竹と樹のマンガ文化論』小学館 pp.62-69

※レポート・論文の本文中では、著者が2人以上の場合、「○○ほか(他)」として筆頭著者名のみを記す場合が多い。

○著者が図書の一部を執筆した場合

著者名(発行年)「原稿タイトル」編者名『書籍名』出版社 ページ番号

例) 石黒圭(2011)「引用の種類と作法」中村明他編『日本語文章・文体・表現事典』朝倉書店 p.294

出版社は発行所のことだよ。
「株式会社」などは省略するよ。

第3課

○論文の場合

執筆者(発行年)「論文タイトル」『掲載雑誌・書籍名』号 ページ番号

※編著者のある場合は、「論文タイトル」の後ろに記す。

※○巻○号などの示し方は、雑誌によって異なる。

　CiNii などで論文を調査した場合は、URL の記載は不要。

※複数ページにまたがる場合は、pp.360–374、のような書き方もある。

例)　由井恭子・近藤裕子・春日美穂・日下田岳史(2015)「大学生における日本語文章
　　　表現技術の授業展開とその成果」『大正大學研究紀要』100 号 pp.360–374

書籍は、内容の改訂が行われると版が変わります。
資料として用いた書籍が何版であるかを確認し、その版が最初
に刊行された年を出典情報として示します。また、「第 2 刷」と
いった場合の「刷」は印刷を意味し、その版の印刷された回数
を示します。これは出典情報には含みません。

○新聞記事の場合

「記事のタイトル」『新聞社名』刊行日朝刊・夕刊の別

例)　「『給食停止』当然？やり過ぎ？」『朝日新聞』2015 年 7 月 4 日朝刊

○インターネットの場合

Web ページの制作者(著者)「Web ページのタイトル」URL(閲覧日)

例)　農林水産省「平成 29 年度 食育白書」http://www.maff.go.jp/j/syokuiku/wpaper/
　　　h29_index.html(2018 年 7 月 30 日閲覧)

インターネットの情報は日々更
新されるため、いつ閲覧したか
を明記する必要があります。ま
た、閲覧を「アクセス」と言う
こともあります。

5　引用文献・参考文献・注

　レポートや論文の本文の後ろには、「引用文献」「参考文献」の一覧を添付するか、「注」で引用した文献の情報を記す必要があります。

　引用した場合は「引用文献」とし、引用はせずに参考にした場合は「参考文献」として項目を分けて示すスタイルと、全てを「参考文献」としてまとめて示すスタイルとがあります。専門分野や個人の考えによるので、学科や指導の先生に指示を仰ぐとよいでしょう。

　また、「注」は引用文献だけでなく、そのほかの必要な情報も記すことができます。これも専門分野によって書き方が異なるので、自分の専門分野の書き方を確認しておきましょう。

第3課

ライティングスキル編

6　注の付け方

　注の付け方は専門分野によって異なります。以下に例を示しますが、詳しくは、付録「Microsoft Word を使って書いてみよう」(p.110)で確認しましょう。

例)

> 　近年、給食費未納についての対応が社会的にも大きな課題となっている。『朝日新聞』2015年7月4日朝刊によると、給食費の未納額は財政の負担となり、未納者に対し法的措置を取るケースも出ているという[1]。こうした状況の元で、埼玉県下の市立中学校で、学校給食費を3カ月間納めていない生徒の保護者に対し、未納のままなら給食を停止するとの趣旨の通知を出したところ、該当する全員が給食費を納入するか、納める意思を示したという事例があった[2]。未納者には担任教員が事前に家庭を訪問し、就学援助の仕組みを説明したが支払いに応じなかったため、学校は支払えるのに支払わない事例であると判断したと述べている[3]。
>
> 　学校給食については、自治体が一般会計に予算計上し、一括管理する「公会計」方式と、給食費の管理を各学校に任せる「私会計」方式とがあり、上記の学校の自治体は給食費の管理を各校に任せる「私会計」方式を採っていた[4]。「私会計」方式のままでは、各学校や教員が独自に対応しなければならず、学校の負担になるとともに、保護者との関係性の問題などから未納につながりやすいといえよう。
>
> 　以上のように、給食費未納問題には、会計方式が関係していると考えられる。問題解決のためにも、その見直しを行う必要があるのではないだろうか。
>
> 　このレポートでは、給食費未納問題について、まず、学校給食をめぐる状況について検証する。そのうえで、給食費納入システムの見直しを行い、全国的に公会計方式に統一すべきであると主張する。
>
> 注
> [1]「『給食停止』当然？やり過ぎ？」『朝日新聞』2015 年 7 月 4 日朝刊。
> [2] 前掲注 1 に同じ。
> [3] 前掲注 1 に同じ。
> [4] 前掲注 1 に同じ。

注の番号は戻らないのが決まり!!
同じ資料を使ったら、「前掲（注番号）に同じ」と書きましょう。

STEP 1 次の情報を読み取り、「出典」を書き出しましょう。

第3課

1.

街場の教育論

二〇〇八年十一月二十八日　初版第一刷発行

著者　内田　樹
発行者　三島邦弘
発行所　合同会社ミシマ社
　郵便番号一五二−〇〇三五
　東京都目黒区自由が丘二−六−一三
　電話　〇三(三七二四)五六一六
　FAX　〇三(三七二四)五六一八
　e-mail hatena@mishimasha.com
　URL http://www.mishimasha.com/
　振替　〇〇一六〇−一−三七二九七六
印刷・製本　(株)シナノ
組版　(有)エヴリ・シンク
©2008 Tatsuru Uchida　Printed in JAPAN
本書の無断複写・複製・転載を禁じます。

ISBN978-4-903908-10-6

2.

日本語はおもしろい

定価はカバーに表示してあります　　　岩波新書(新赤版)373

1995年1月20日　第1刷発行
1996年2月15日　第6刷発行

著者　柴田　武

発行者　安江良介

発行所　株式会社　岩波書店
　〒101-02　東京都千代田区一ツ橋2-5-5

電話　案内 03-5210-4000　営業部 03-5210-4111
　　　新書編集部 03-5210-4054

印刷・理想社　カバー・半七印刷　製本・永井製本

© Takesi Sibata 1995
ISBN4-00-430373-7　　　Printed in Japan

3.

常用字解【第二版】

発行日　二〇〇三年十二月十八日　初版第一刷
　　　　二〇一二年十月三〇日　第二版第一刷
著者………白川　静
発行者………石川順一
発行所………株式会社平凡社
　〒一〇一−〇〇五一　東京都千代田区神田神保町三−二九
　電話〇三−三二三〇−六五七九(編集)
　　　〇三−三二三〇−六五七三(営業)
　振替〇〇一八〇−〇−二九六三九
装幀………原　研哉・小磯裕司
印刷………凸版印刷株式会社
製本………大口製本印刷株式会社
製函………永井紙器印刷株式会社
箔押………斎藤商会

4.

『平家物語』竹生島詣考
由井 恭子　国文学踏査 / 大正大学国文学会 編 (28) 135-143, 2016-03

STEP 2 次の資料を読み、引用して筆者の主張を紹介しましょう。
※直接引用と間接引用のいずれも挑戦してみてください。

資料

　私が「著作権者の不利」とみなすのは、第一に私の書いたものへのアクセスが妨害されたり、禁止されたりすることであり、それ以外はどれも副次的なことにすぎない。もし著作物がひとりでも多くの読者に読まれることよりも、著作物が確実に著作権料収入をもたらすことが優先するというのがほんとうなら、物書きは「あなたの書いた本をすべて買い取りたい」という申し出を断ることはできないはずである。買った人がそれを風呂の焚きつけにしようが、便所の落とし紙にしようが、著作権者は満額の著作権料を得たことを喜ぶべきである。

内田樹 (2012)「読書と書籍購入者」『街場の読書論』太田出版

①直接引用の場合
内田(2012)は、「・・・・・・・・・・・・・・・・・・・・」と主張している。

②間接引用の場合
内田(2012)は、・・・・・・・・・・・・・・・・・・・・と主張している。

STEP 3 「給食費未納問題」をテーマに調査報告型レポートを書くことになりました。本テキスト p.72 の新聞記事を引用して、「給食費未納問題」の現状を説明しましょう（＝背景説明）。また、出典も記すこと。

STEP 4 上記の新聞記事を読み、自分が問題だと思った箇所を引用し、それに対する自分の意見を紹介しましょう（意見は「〜（の）ではないか／と考える」などの表現を使いましょう）。

例）〜によると、…（引用文）…という。これは、給食費を支払っている家庭と支払っていない家庭との間に不公平感が生じ、その影響が子供同士の関係にも及び、いじめにつながるのではないか。

STEP 5 次の資料を読み、下線部分から言えること（解釈）を書いてみましょう。

注意：資料は提示するだけでなく、それをどのように捉えたか（＝解釈）を記述することが必要です。データを並べるだけでは説得力のある文章にはなりません。

資料

　1954年、学校給食法が制定され、経費の負担については「学校給食を受ける児童又は生徒の学校教育法第16条に規定する保護者の負担とする」（学校給食法第11条第2項）と明文化されている。給食費を無償化するための予算は税金から賄われるが、2021年現在、小学校では18,857校（全小学校数の98.7％）、中学校では8,867校（全中学校数の89.1％）、全体では27,724校にて学校給食が行われており、約900万人の子供が給食の提供を受けている。

　　　　文部科学省「学校給食実施状況等調査（令和3年）」http://www.mext.go.jp/content/20230125-mxt-kenshoku-100012603-1.pdf（2023年10月8日閲覧）

98.7％って多い！
でも、100％じゃないんだよね。

ヒント！

資料と主張を関連づけよう！

①無償化に賛成するという立場だったら、この数値はどのようなことを意味するか？
②無償化に反対するという立場だったら、この数値はどのようなことを意味するか？

【給食費無償化に賛成するという立場】

　2021年現在、小学校では 18,857 校（全小学校数の 98.7％）、中学校では 8,867 校（全中学校数の 89.1％）、全体では 27,724 校にて学校給食が行われているという。

【給食費無償化に反対するという立場】

　2021年現在、小学校では 18,857 校（全小学校数の 98.7％）、中学校では 8,867 校（全中学校数の 89.1％）、全体では 27,724 校にて学校給食が行われているという。

第3課

資料の「解釈」とは

　資料の「解釈」とは、資料で得られた事実について、自分がどのように捉えているかを提示することです。資料に書かれていることをそのままレポートに引用しても、書き手がそれをどのように捉えているのか、なぜその資料を引用したのか、その意図は伝わりません。引用の後には必ず解釈を加えましょう。

考察とは

　「考察」とは、「事実」（データ）を「解釈」し、そこから導き出された考えのことです。単なる意見や感想ではありません。

第4課　効果的に図表を使って説明しよう

目標 ① 図表の使い方を理解できる。
② 効果的に図表を用いて説得力のある文章が書ける。

マナビは、文部科学省のホームページに公開されているデータを調査しましたが、データから得られた情報をどのように示してよいか分からず、数値を並記しました。しかし、先生から数値の並記だけでは分かりにくいと指摘されてしまいました。

マナビのレポート

公立小学校は、修学旅行・遠足・見学費で 6,748 円、学校納付金等で 8,259 円、図書・学用品・実習材料費等で 19,484 円など、総額 59,228 円かかっていることが分かった。

数値を並べただけでは何を述べたいのか分かりません。表そのものを示して説明した方がよいでしょう。

1　図表とは

　図とは、グラフなどで、物事の状態などを分かりやすく表したものです。写真も図に含まれます。

　表とは、物事を数字などで表し、見やすいように配列したものです。

2　図表の使い方

　レポートに数値を引用する際、全体のデータを俯瞰（ふかん）して考える必要がある場合は、図表をレポート内で示す方法があります。図表は、官公庁のホームページなど、信頼できるものを引用するようにしましょう。また、専門分野によっては、実験（検）データやアンケート調査結果などを用いて、自分で図表を作成する場合もあります。本テキストでは、図表を引用する際の使い方、示し方について解説します。

2-1 図の示し方

レポートに図を使用する場合は、図の下に「図1」「図2」「図3」のように、図の通し番号を付けます。図の番号の次に、図のタイトルを記入します。図の下に、出典を示し、引用元を明らかにします。以下の例を参考にしてみましょう。

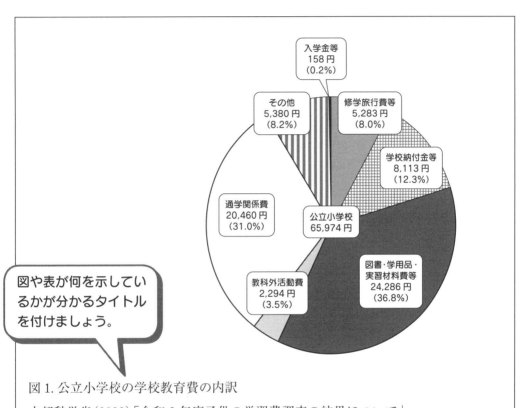

図や表が何を示しているかが分かるタイトルを付けましょう。

図1. 公立小学校の学校教育費の内訳

文部科学省(2022)「令和3年度子供の学習費調査の結果について」

https://www.mext.go.jp/content/20221220-mxt_chousa01-000026656_1a.pdf より引用

(2023年7月25日閲覧)

＊出典情報は参考文献や注で示す方法もあります。

　レポート本文にも、「表1」「図1」と示しながら説明し、読み手に分かりやすくなるよう心がけましょう。
表現例：「表1は○○○○を示したものである。それによると…」「図1は○○○○についての調査結果である。そのなかでもAの結果に着目すると…」

ライティングスキル編

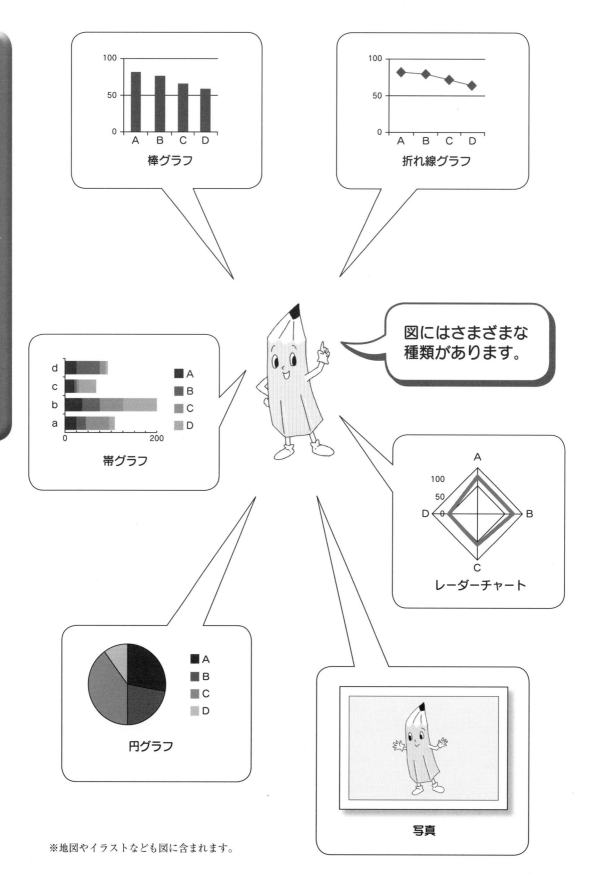

棒グラフ

折れ線グラフ

帯グラフ

図にはさまざまな
種類があります。

レーダーチャート

円グラフ

写真

※地図やイラストなども図に含まれます。

2-2　表の示し方

　レポートで表を使用する場合は、表の上に「表1」「表2」「表3」のように、表の通し番号を付けます。表の番号の次に、表のタイトルを記入します。その下に、出典を示し、引用元を明らかにします。以下の例を参考にしてみましょう。

表1. 学校給食費の未納に対する対応

4. 学校給食費の未納に対する対応

(1) 学校給食費を未納している保護者への対応内容について（複数回答）　　　　　【調査票質問項目】問2(1)
〇継続・強化を図った取組＋新たに行った取組　　　　　　　　　　　　　　　　　　　　　　　（単位：学校数）

区　　　分	小学校	回答比率	中学校	回答比率	計	回答比率
電話や文書による保護者への説明、督促	166	97.1%	97	97.0%	263	97.0%
家庭訪問による保護者への説明、督促	109	63.7%	73	73.0%	182	67.2%
集金袋による現金徴収など徴収方法の変更・工夫	54	31.6%	32	32.0%	86	31.7%
PTAの会合の場などを通じた保護者への呼びかけ	61	35.7%	38	38.0%	99	36.5%
就学援助制度等の活用を推奨	108	63.2%	62	62.0%	170	62.7%
未納問題対応マニュアルを作成	14	8.2%	8	8.0%	22	8.1%
未納の保護者に対する法的措置の実施	2	1.2%	1	1.0%	3	1.1%
その他	41	24.0%	39	39.0%	80	29.5%
学校給食費が未納の児童生徒がいた学校数	171	—	100	—	271	—

文部科学省「学校給食費の徴収状況に関する調査の結果について（平成24年度）」
http://www.mext.go.jp/b_menu/houdou/26/01/_icsFiles/afieldfile/2014/01/23/1343512_1.pdf
より引用（2023年8月5日閲覧）

3　図表を用いて説得力を持たせる

　図や表を使用して文章を書く際は、その図や表を用いたことが効果的に作用し、文章に説得力が出るよう工夫する必要があります。ただ数値などを示すだけではなく、その数値が何を示しているのかについての解釈を記し、それが自分の主張とどのようにつながるのかを示す必要があります。

引用で、資料の読み取りのあとに解釈を示したことを思い出しましょう！図表についても引用したことでそこから何を読み取ったのかをきちんと記すことが大切！

第4課

STEP 1 　以下のA、Bはp.53の図1について説明をしたものです。何が違うのか比較してみましょう。

A)図1によると、「図書・学用品・実習材料費等」は 24,286 円となっている。学校教育においては、教科書以外にも保護者が負担する教材が多いことが分かる。この負担がなくなれば、家計における教育費の負担を減らすことができるだろう。

B)図1によると、「図書・学用品・実習材料費等」は 24,286 円であり、学校教育費全体の 65,974 円のなかで 36.8 % を占めている。義務教育でありながら、無償の教科書以外にも約 25,000 円近い教材費の負担があるのだ。この負担がなくなれば、家計における教育費の負担を減らすことができ、子育て世代への支援へとつながるであろう。

ライティングスキル編

 以下は p.55 表 1「学校給食費の未納に対する対応」について、説明した文章です。これを参考に、表 1 の項目について自分で視点を決めて説明してみましょう。

　表1によると、給食費未納の保護者に対して法的措置を実施する小学校は 2 校、中学校は 1 校となっている。小学校と中学校を合わせても、全体の比率において 1.1％しかなく、法的措置は極めて難しい手段であることが分かる。これにはさまざまな理由があると考えられるが、保護者に法的措置を行うことに対する学校や教員の心理的負担の大きさが背景にあるのではないだろうか。

第4課

ライティングスキル編

第5課 説得力のある文章を書こう

 ① 説得力のある文章とはどのような文章かが分かる。
② 説得力のある文章を書くことを意識しながら書ける。
③ 読み手が正確に理解できるよう、わかりやすい文章が書ける。

マナビの失敗　マナビは、「給食費未納問題」について自分の意見を述べましたが、だらだらと書かれていてわかりにくいという指摘を受けてしまいました。

マナビのレポート

　給食費を支払わない保護者が多いことが問題になっている。給食は今や「食育」として教育の1つだと言われている。教育であるにもかかわらず、給食費を支払わなければならないのだ。給食費を支払わない保護者は経済的な理由で支払えない場合と支払えるのに支払わない場合がある。支払えないのは仕方がないが、支払えるのに支払わない保護者が少なくないのは問題である。給食費を支払わないと、給食の食材を調達するのに支障が出る。給食を支払っている家庭の子供にも悪影響が出るのだ。給食費を支払わないのに給食を食べる児童生徒がいるのも公平でないので、問題だと考える。給食費を支払わないことでこのように数多くの問題がある。これらを解決することが重要だろう。

だらだら書かれています。
一番言いたいことは何ですか?

1　説得力のある文章とは

　大学でのレポートにふさわしい文章とはどのような文章でしょうか。大学のレポートでは、調査内容に考察を加える、あるいは、問いを立て、それに対する自分の主張を、論拠を示しながら述べることが求められます。その際に、書き手の一人よがりではなく、読み手を納得させられるような説得力のある文章を目指しましょう。

2　説得力のある文章に必要なこと

　説得力のある文章とは、具体的にどういった要素を含むのでしょうか。以下の点に、注目してみましょう。

2-1　表現・構成の適切性

　文章の種類によって適切な語彙、表現があります(第2課参照)。また、思いつくままに書くのではなく、レポートの構成(はじめに・本論・むすび)に則って書きましょう。それにより、読み手の理解を促すことができます。

2-2　適切で信頼性のある根拠の提示

　大学のレポートでは、個人の経験や情報源があいまいな事象を根拠にすることはふさわしくありません。また、安易にインターネット上の情報を提示するのではなく、情報源の信頼性、情報の新しさ、専門性にも注意を払いましょう。同時に、資料の孫引き(p.40 参照)にならないよう確認しましょう。

2-3　論理性

　単に、関連資料を切り取って並べるのではなく、自分の主張と情報を関連づけながら論を展開させましょう。

2-4　ほかの視点への言及

　反対意見に言及するなどして、多視点からも十分に検討した結果であることを示しましょう。そうすることで、一方的で狭い視点から述べているのではないことが示せます。例えば自分の意見とは反対の意見をあえて提示し、その問題点を挙げ、自分の意見の正しさを主張することを反証と言います。それにより、説得力が増します。以下の例を参照しましょう。

　給食費未納の問題は解決すべき問題である。本来支払うべき費用を支払わないという事態は基本的にはあってはならない。しかし、未納の原因として経済的な問題がある場合は、その解決が先決ではないか。

　確かに、給食を提供するだけの費用を得られないため、未納の場合は給食の提供を停止すべきだという意見もあるだろう。しかし、保護者の未納の問題を、給食を食べられないという形で子供が担うのは問題ではないだろうか。

　未納の背景が経済的な問題の場合は、それを扶助する公的サービスによるサポートなども視野に入れ、給食の提供を停止する事態は避けるべきである。

反証

第5課

3　パラグラフ・ライティング

　論理的な文章を書く際には、パラグラフ・ライティングを意識して書くと読み手にわかりやすい文章になります。

3-1　パラグラフ・ライティング (paragraph writing) とは

　パラグラフ・ライティングとは、一般に英語でエッセイと呼ばれる学術的な文章を書く際の書き方です。これが日本語のアカデミック・ライティング(レポートや論文などの学術的な文章)や実用文(説明文や報告文など)でも用いられています。なぜならば、パラグラフ・ライティングは構成や論理展開のパターンが定まっており、それらに沿って書くことで、読み手に負荷を掛けずに伝えることができるからです。まず、書き手がいちばん伝えたいことやこれから伝えようとしていることの予告 "Topic sentence" を提示します。そうすることで、読み手は何について書かれているかを知り、さらにその先を予測しながら読むことができます。次に、それを詳しく説明する(根拠・事例・証拠など) "Supporting sentences" が続きます。そこでは、具体的かつ詳しい説明があり、読み手を納得させることができます。そして最後に、"Concluding sentence" でそれらをまとめます。書き手も内容を整理することができ、同時に、読み手も構成や展開を予測できるため、内容に集中して読むことができるでしょう。

　「パラグラフ」とは1つの意味を成す文章のかたまりのことを言いますが、日本語では「段落」に相当すると捉えられがちです。しかしながら、厳密には「パラグラフ」と「段落」は異なります。日本語の段落には、改行して文章の単位を示す「形式段落」と、複数の段落に分かれていても意味のまとまりで捉える「意味段落」があります。パラグラフはどちらかというと、意味のまとまりと捉える後者に近いとも言えます。しかし、日本語の「意味段落」は、多くは複数の段落によって構成されるのに対し、パラグラフ・ライティングは途中に改行のない、1つのトピックを扱う文章のかたまりだという点で異なります。実際のところ、英語の文章の書き方なので、そのまま日本語に当てはめることは難しいのです。

　このようにみてみると、パラグラフ・ライティングはまったく新しい書き方のように思えるかもしれませんが、実は、小論文や意見文などの構成とも共通していることがわかります。まず、主張を述べ、その根拠を提示する。そして、最後にまとめるという構成にはなじみがあるでしょう。パラグラフ・ライティングをよくわからないものとして遠ざけず、ぜひ活用していきましょう。

① 1つの「主題文」"Topic sentence"（トピック・センテンス）

　⇒いちばん伝えたいこと・これから伝えようとしていることの予告（主張・問題提起）

② ①の詳細や根拠、具体的な事例を示す複数の「支持文」"Supporting sentences"（サポーティング・センテンス）

　⇒読み手の理解を深めるための①についての詳しい説明（根拠・事例など）

③ 「まとめの文」"Concluding sentence"（コンクルーディング・センテンス）

　⇒①と②の内容から言えること・①の再掲

　パラグラフ・ライティングは「主題文（トピック・センテンス）」＋「複数の支持文（サポーティング・センテンス）」＋「まとめの文」で構成されています。パラグラフ内では改行がないのが特徴です。

3-2　1つのパラグラフの構成要素

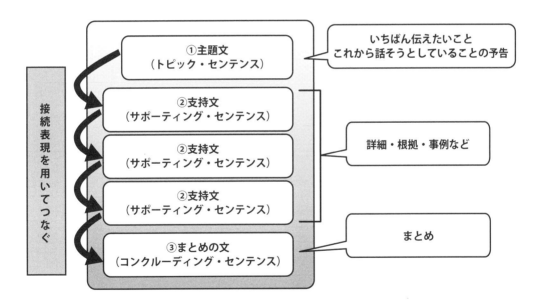

1つのパラグラフには1つの主題しか書いてはいけません。

ライティングスキル編

STEP 1　以下の文章の①主題文（トピック・センテンス）②支持文（サポーティング・センテンス）、③まとめの文（コンクルーディング・センテンス）はどれにあたるか考えてみましょう。

　パラフラフ・ライティングを用いると、相手に書き手の意図が伝わりやすくなるという利点がある。なぜならば、パラグラフ・ライティングでは、最も伝えたいことやこれから扱おうとするトピックを最初に提示するからである。そのため、読み手はそれを最初に把握することができ、そのあとに続く内容を予測することが可能になる。また、1つのパラグラフの中では1つのトピックしか扱わない。これにより、内容が整理され、分かりやすい文章となる。このように、パラグラフ・ライティングを用いることで、相手に負荷をかけず、伝わりやすい文章を書くことができるのである。

STEP 2　あなたの好きな〇〇について、パラグラフの構造で紹介してみましょう。

●トピック・センテンス
　　私の好きな〇〇は、＿＿＿＿＿＿＿＿＿＿＿＿＿＿＿＿＿＿だ。

〇サポーティング・センテンス①
　　⇒詳しい説明・例・理由など
　　＿＿＿＿＿＿＿＿＿＿＿＿＿＿＿＿＿＿＿＿＿＿＿＿＿＿＿
　　＿＿＿＿＿＿＿＿＿＿＿＿＿＿＿＿＿＿＿＿＿＿＿＿＿＿＿

〇サポーティング・センテンス②
　　⇒詳しい説明・例・理由など
　　＿＿＿＿＿＿＿＿＿＿＿＿＿＿＿＿＿＿＿＿＿＿＿＿＿＿＿
　　＿＿＿＿＿＿＿＿＿＿＿＿＿＿＿＿＿＿＿＿＿＿＿＿＿＿＿

〇サポーティング・センテンス③
　　⇒詳しい説明・例・理由など
　　＿＿＿＿＿＿＿＿＿＿＿＿＿＿＿＿＿＿＿＿＿＿＿＿＿＿＿
　　＿＿＿＿＿＿＿＿＿＿＿＿＿＿＿＿＿＿＿＿＿＿＿＿＿＿＿

●コンクルーディング・センテンス
　　＿＿＿＿＿＿＿＿＿＿＿＿＿＿＿＿＿＿＿＿＿＿＿＿＿＿＿

3-3　支持文の構造

　支持文もまた、①主題文(トピック・センテンス) ②支持文(サポーティング・センテンス)③まとめの文(コンクルーディング・センテンス)の構造で書くと読みやすくなります。

> ① (給食費未納問題を解決するためには、給食費を無償化すべきだ。その理由の一つは) 義務教育である小中学校の給食導入率は高いことが挙げられる。② 2021 年現在、小学校では 18,857 校(全小学校数の 98.2%)、中学校では 8,867 校 (全中学校数の 89.1%) が給食を導入しており、約 900 万人の子供が給食を受けているという。②' 特に、小学校では 98.2% もの学校で導入されている。③このように、義務教育の給食導入率は高いため、無償化することで問題解決につながるであろう。

問題背景・主張

　　近年、給食費未納問題が深刻化している。これらの解決を図るためには、給食費を無償化すべきではないか。その理由として次の 3 点を挙げる。

根拠 1

　　まず、義務教育である小中学校の給食導入率が高いことが挙げられる。2021 年現在、小学校では 18,857 校 (全小学校数の 98.7%)、中学校では 8,867 校 (全中学校の 89.1%) が給食を導入しており、約 900 万人の子供が給食の提供を受けているという。特に、小学校では 98.7% もの学校で導入されている。このように、義務教育の給食導入率は高いため、無償化することで問題解決につながるであろう。

根拠 2

　　つぎに、経済的に苦しい家庭の子供が安心して給食の提供を受けられることが挙げられる。現在、日本国内でも子供の 6 人に 1 人が相対的貧困にあると言われている。成長期の子供が、バランスのよい食事を摂取するためにも給食は欠かせない。現状でも経済的に給食費の支払いが困難な家庭には支援が行われているが、無償化すれば、煩雑な手続きも不要になる。子供の安全や安心を確保するためにも給食の無償化は有効ではないか。

根拠 3

　　さらに、公平性の点が挙げられる。給食費未納の家庭の中には支払えるのに支払わない家庭もあり、不平等だと感じている家庭もある。それによって、保護者の対立や子供のいじめに発展する可能性もあるだろう。無償化であれば公平性は担保できる。

むすび

　　以上の理由から、給食費未納によってもたらされる問題を回避するには、無償化することが有効だと考える。

第5課

4　文のつなぎ（接続表現）

　文と文は接続表現を用いることによってつなぐことができます。また、文や文章がつぎはぎになることを防ぎます。

4-1　接続表現とは

　読み手にわかりやすい文章にするには、接続表現に注意する必要があります。

　接続表現は、文や文章がつぎはぎにならないようにするだけではなく、同時に、次にどのような内容が示されるか、読み手に推測させる機能を持っています。接続表現をうまく用いることによって、読みやすい文章にすることができます。

4-2　基本的な接続表現

用法	接続表現	例
並べて示す	まず・次に・さらに・（最後に）…／第1に・第2に・第3に…	理由は以下の3点である。第1に、…、第2に、…、第3に、…。
前の文章の内容を次につなげる	そのため／したがって／そこで	教員の過重労働が問題となっている。そのため、休日の部活動の実施が見直されることになった。
前の文章の内容と逆のことを示す	だが／しかし／…が	給食費の無償化が求められる。しかし、財源確保が課題である。
比較する	一方／それに対して／逆に	小学校で英語の授業が導入された。一方で、国語力の低下が懸念されている。
付け加える	そして／そのうえ／さらに／また	待機児童問題の改善のために保育施設の増設が必要だ。さらに、保育士確保のための待遇改善が求められる。
言い換える	つまり／すなわち／要するに	給食を導入している小学校は全国で98.1%である。つまり、すべての小学校で導入しているわけではないのだ。
まとめ	このように／このことから・これらのことから／以上	…。このように、給食費を支払わない理由は、経済的な問題だけではないことが明らかになった。

生成AIとの付き合い方

　現在、ChatGPTに代表されるような生成AIがめまぐるしく発展しています。問いかけると文章を作成してくれるため、レポートへの利用などが懸念されており、皆さんも授業の中で注意喚起を受けたことがあるのではないでしょうか。

　課題を自分の力で行わないことはもちろん問題ですが、生成AIそのものにもさまざまな問題点が指摘されています。例えば、『朝日新聞』2023年2月2日朝刊には、AIが国籍や性別、職業などに基づくバイアス（偏見、先入観）を持っていることが記されています（「AIが持つ偏見、排除模索　『外国籍女性』ローン不利　『医師』→男性と判断」『朝日新聞』2023年2月2日朝刊）。AIは人間の活動のデータを取り込んでいるわけですから、人間の抱える問題や差別意識などがそのまま取り込まれていることを考えると、AI以前に私達自身の意識や行動が重要であることがよくわかる事例です。

　また、AIの判定システムによって児童相談所での保護の必要性が低いと判断され、一時保護を見送られていた児童が虐待によって亡くなるという痛ましい事例も起こっています（「虐待判定AIの現在地」『朝日新聞』2023年7月15日朝刊）。

　これらの例からは、AIが万能であるわけではなく、あくまでもそれを利用する人間の意識や行動、判断が重要であることがわかります。AIが生成した文章や内容を、そのまま課題に使うことに問題があることは明らかです。

　一方で、AIは決して使ってはならないものなのでしょうか。例えば、皆さんはひとりで課題を行っているときに、方向性に悩んで誰かの意見を聞いてみたいと思ったことはありませんか。また、グループワークで意見交換をする中で、自分の意見が深まった経験がある人もいるでしょう。他者に意見を求めるという役割をAIに果たしてもらうことで、自分の意見を客観的に見つめ直したり、自分では考えていなかった方向性が見えてきたりすることがあるでしょう。AIを上手に活用して、自分自身の課題等をブラッシュアップすることもできるのです。

　AIの発展は今後も加速度的に進んでいくと考えられます。それをふまえたとき、生成AIを決して使ってはならない、使うことができない、というよりは、使うべき場所をきちんと考えて上手に使うことが重要です。そして、最後は人間、すなわち自分自身が判断し、適切にAIを使用できるように学び、ブラッシュアップしていくことが今後ますます重要になっていくのです。

第5課

レポート作成プロセス編

　レポート作成プロセス編では、レポート作成のプロセスを学びます。レポート作成の準備、レポート作成、レポートの推敲と、1つ1つのプロセスを解説していますので、そのプロセスに沿ってレポート作成に挑戦してみましょう。最後にプレゼンテーションの実施に必要な基礎的事項も掲載しています。

第6課　レポートを作成する準備をしよう

目標 ▶ ① 資料を探すことができる。
② 大学でのレポート作成に必要な資料を読解できる。

　マナビは、授業でレポートを書くことになりました。しかし、資料が見つけられなかったので、資料がないままレポートを書いたところ、資料を探すよう指摘されてしまいました。

マナビのレポート

　給食費の未納額は非常に大きなものであると考えられる。それが解消できれば自治体の税収入にも影響があるのではないか。

給食費の未納額を示した資料があります。根拠となる資料はきちんと探しましょう。

1　資料を探す方法

　レポートを作成するには、まず資料を探す必要があります。大学でのレポートにふさわしい、信頼できる資料を探しましょう。以下に、目的に応じた資料の探し方を挙げますので参考にしてみましょう。

1-1　語や事項を調べる

○辞書・辞典・事典

　辞書・辞典・事典は専門分野ごとに、さまざまなものが刊行されています。目的に応じてそれらを使い分けましょう。

○インターネット上の辞書・辞典・事典

　JapanKnowledge（ジャパンナレッジ）を利用してみましょう。

　　※ JapanKnowledge（ジャパンナレッジ）は、約50種の辞書・辞典・事典などの横断検索ができる有料サイトです。大学図書館などで、JapanKnowledge を使用できる場合もあります。

　　（収載例　日本国語大辞典、国史大辞典、ランダムハウス英和大辞典、仏教語大辞典など）

孫引きに注意

　インターネットで語や事項を検索すると、辞書・辞典・事典を転載したサイトがヒットする場合があります。孫引きにあたるので元の資料を参照しましょう。

1-2　図書を探す

○大学図書館

　自分が所属する大学の図書館にどのような図書が所蔵されているか、確認しましょう。実際に図書館全体を歩き、所蔵図書を見てみるのもよいでしょう。また、OPAC（蔵書検索システム）を利用し、資料を検索することもできます。所属大学の図書館に所蔵されていない図書を調査したい場合は、レファレンスサービスを利用し、他大学や地域の図書館から、図書の取り寄せが可能か相談してみましょう。

○公共図書館

　公共図書館は、規模も蔵書の種類もさまざまです。自宅で各図書館のOPAC（蔵書検索システム）を利用して検索できることも多いので活用しましょう。

○国立国会図書館　https://ndl.go.jp

　国立国会図書館法により、日本で発行された刊行物は、国立国会図書館に納めることが義務づけられています。それらは、国立国会図書館で閲覧することができます。

第6課

1-3 雑誌論文を探す

　学術雑誌には研究論文が数多く掲載されているので、それらを資料に用いることで、専門性が高まります。ここでは、雑誌論文を検索する際に役立つサイトを紹介します。

○国立国会図書館サーチ　https://ndlsearch.ndl.go.jp

　国立国会図書館に所蔵されている雑誌論文を検索することができます。論文タイトル、著者名、雑誌名など網羅的に検索することができます。

（国立国会図書館「国立国会図書館サーチ」より）

○ CiNii　https://cir.nii.ac.jp

　CiNii（サイニー）は、国立情報学研究所による論文検索サイトです。論文タイトル、著者名で検索することができます。なかにはPDFとして公開されているサイトに移動し、その場で読める論文もあるので、活用してみましょう。

（国立情報学研究所「CiNii Research」より）

○ J-STAGE　https://www.jstage.jst.go.jp/browse/-char/ja

　「科学技術情報発信・流通総合システム」（J-STAGE）は、国立研究開発法人科学技術振興機構（JST）が運営する論文検索サイトです。雑誌名、論文タイトル、著者名などで論文を検索することができます。J-STAGEで公開されている論文は、ほとんどのものがインターネット上で閲覧することができます。

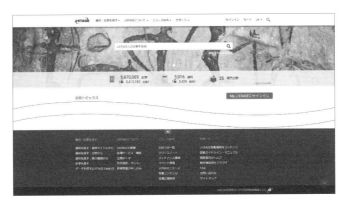

（国立研究開発法人科学技術振興機構〔JST〕「J-STAGE」より）

1-4　新聞記事を探す

　新聞記事データベースを活用しましょう。新聞記事データベースは、キーワードを入力することで、過去にさかのぼってそのキーワードに関する新聞記事を検索できます。多くの大学図書館や公共図書館が、新聞記事データベースと契約しています。

1-5　インターネット情報を探す

　インターネット上の情報はさまざまであり、信頼のおけるものかを見極める必要があります。官公庁や自治体など、信頼できるものを使用しましょう。

　Wikipedia(ウィキペディア)や個人のブログ、匿名自由投稿の掲示板、まとめサイトなどは、誰が執筆しているか特定できず、信頼できるか判断ができません。また、孫引きになる場合も多いので、大学のレポートの資料にすることはできません。

2　レポート作成のための資料読解

　レポート作成のための資料読解では、資料を正確に読解し、要点を読み取ることと、資料から疑問点を整理し、不明点を明らかにすることが求められます。

2-1　資料を読解する準備をしよう

・本、論文、新聞のタイトル、著者、目次を読み、自分のテーマとかかわる情報があるかを確認する。
・著者がどのような人物かを把握する。
・本の場合、「はじめに」「あとがき」「著者紹介」「目次」などを読み、概要を確認する。
・ツールを揃える(ふせん、マーカー、辞書など)。

第6課

○資料：新聞記事

　以下にサンプルレポートの資料とした新聞記事を挙げ、実際に読解していきます。疑問点や不明点も一緒に考えましょう。

『朝日新聞』2015年7月4日朝刊

「給食停止」当然? やり過ぎ?

埼玉・北本市「給食費未納なら弁当を」

「苦渋の選択」通知で効果

専従職員が督促・法的措置　各地で対策

給食費の未納

未納の原因に対する学校の認識（12年度）

保護者としての責任感や規範意識 **61.3%**

保護者の経済的な問題 **33.9%**

その他

学校給食費の平均年額

中学校／小学校（3・4年生）

5万5千円／5万円／4万5千円／4万円

未納の児童生徒数の割合　1.2%　1.0%　0.9%

06年度　07　08　09　10　11　12　13

文科省調べ。写真は北本市の中学校の給食＝3日

　学校給食費の未納が3カ月間続いたら、7月から給食の提供を停止します。その間は弁当を持参させてください—。埼玉県北本市の中学校が6月、保護者に通知を出したところ該当する43人全員が納める意思を示した。学校のやり方に「ほかの家庭は払っているのだから当然だ」という声があがる一方で、「親の責任を子どもにおしつけるのはやり過ぎだ」との声もあがる。

　未納家庭の生徒への給食停止を決めたのは、北本市に四つある全市立中学校。生徒1人あたり月4500円の給食費の滞納総額は、4〜6月分だけで約180万円（一部未納も含む）に上る。計画通りに食材購入ができなくなる恐れが出た。これ以上膨らむ前に手を打とうと措置に踏み切った。

　同市は、給食費の管理を各校に任せる「私会計」方式をとる。未納の家庭に担任教諭が訪問し、生活が苦しければ給食費などが支給される就学援助の仕組みを説明したり、「一部だけでも納めて」と求めたりしてきた。それでも応じない未納の43人について、「払えるのに払わない」事例だと判断した。

　6月、保護者に配布した通知には「給食を停止する意思を示した。このため、7月も引き続き全生徒が給食を受けられる見通しになった例もある。

　各校に任せる「私会計」方式をとる。「有料」なのに保護者に払う気を持ってもらいたい苦渋の選択だったとする。未納だとほかの生徒にもわかるからだ。

　通知後、市教委には20件近い意見が寄せられた。「支払うのが当然だ」と理解を示す声とともに、「子どもに罪はないのに、親の責任を押しつけるよう、やり過ぎだ」という声も。市内の中学2年生女子の母親（46）は「子どもに罪はないのに、やり過ぎだ」と話す。だが、市内の中学2年生女子の母親（46）は……

　全国のほとんどの学校は、給食費が未納でも給食を提供している。福岡市教育委員会健康教育課の高宮孝課長は「給食は教育の一環として実施している。給食の提供は学校の責任で、未納を理由に食べさせないことは考えていない」という。同市は2008年度の累積滞納金が約1億9700万円に膨らんだ。09年9月、政令指定市で初めて、未納には法的措置をとる。昨年度、市が裁判所に支払い督促を申し立てたのは53件。滞納額が50万円を超えたり支払いを求めて裁判所に提起したのは4件。うち36件で納付の誓約がなされた。前年までに累積した未納金の収納率は09年度の10・7%から対策の強化で、前年ま……

　という。元校長は卒業生を督促に訪れた際、母親から「払えないのよ」と財布をたたきつけられたという。しかし、給食費の値上げもあり、13年度の累積滞納金は2億8692万円と、公会計化前より膨らんだ。

　4校の投稿は苦渋の選択をはじめることにした。「解決をはかることにした」。市教委は「通知の効果があったのは良かったが、苦渋の選択をとらざるを得なかった」とする。未納だとほかの生徒にもわかるからだ。

　文部科学省が全国の公立小中学校5833校を抽出して行った調査では、12年度の未納者の割合は0・9%。13年度は14・7%に改善。完全給食を実施する公立学校は0・9%あった。群馬県高崎市の未納額は今年度、総計21億2千万円余りにのぼる。

　文科省は1月、各都道府県教委などに対し、未納者には就学援助制度の活用を奨励することや、やむを得ず法的措置をとった過去の事例も参考に適切な対応をとるよう通知した。

　埼玉県川越市が4月、約30万円を滞納している1世帯を提訴。約6万5千円を滞納している1世帯を提訴した。

（川崎卓哉、三輪さち子）

2-2　資料を読解しよう

○内容を確認し、要点を整理する

・わからない言葉(専門用語など)は辞書で意味を確かめる。

・キーワードを探す。

・見出しや章ごとに何が書かれているのかを把握する。

・自分のレポートに関するポイントなど、大切な部分に印を付ける(印は、文章の 1/3 以下にしましょう)。文章の最後に全体の内容がまとめられていることが多いため、「つまり」「このことから」などの語に着目する。

・最後に全体の流れを確認する。

○疑問点を整理し、不明点を明らかにする

　以下のことをメモしながら読解しましょう。

・言葉の意味などで理解できなかった部分

・さらに調査しなければならない項目

・読解し、疑問に思ったことや感想

・自分が納得できない部分

・主張に賛同できる箇所、賛同できない箇所、その理由

自分のレポートとその資料がどのようにかかわるのか整理しましょう。

第6課

p.74、75 でレポート作成のための資料読解の例を紹介しています。参考にしましょう。

2-3　p.72の新聞記事を読み、疑問点や不明点を考えよう

「給食停止」当然？やり過ぎ？　埼玉・北本市「給食費未納なら弁当を」『朝日新聞』
2015年7月4日朝刊（一部抜粋）

　学校給食費の未納が3カ月間続いたら、7月から給食の提供を停止します。その間は弁当を持参させてください——。埼玉県北本市の中学校が6月、保護者に通知を出したところ該当する43人全員が納付するか、納める意思を示した。学校のやり方に「ほかの家庭は払っているのだから当然だ」という声があがる一方で、「親の責任を子どもにおしつけるのはやり過ぎだ」との声もあがる。

> 支払えるのに支払わないのは、どうして？

> そうならないために、方針を考える必要がある？

「苦渋の選択」通知で効果

　未納家庭の生徒への給食停止を決めたのは、北本市に四つある全市立中学校。生徒1人あたり月4500円の給食費の滞納総額は、4〜6月分だけで約180万円（一部未納も含む）に上る。計画通りに食材購入ができなくなる恐れが出たため、4校の校長は「未納額がこれ以上膨らむ前に手を打とう」と措置に踏み切った。

> どうして「私会計」方式なの？
> ほかの市町村も「私会計」方式？

> ほかの市町村と比較して、多い？少ない？

　同市は、給食費の管理を各校に任せる「私会計」方式をとる。未納の家庭に担任教諭が訪問し、生活が苦しければ給食費などが支給される就学援助の仕組みを説明したり、「一部だけでも納めて」と求めたりしてきた。それでも応じない未納の43人について、学校は「払えるのに払わない」事例だと判断した。

> 援助体制は整っている！未納者は出ないはずでは。

　6月、保護者に配布した通知には「給食を停止する際にはお子様にも告知する」「『有料』なものに相当額の支払いをするのは社会のルール」などと明記した。すると、6月末までに全家庭が納付するか、納める意思を示した。このため、7月も引き続き全生徒に給食を提供している。

市教委によると、給食費未納問題は10年近く前から続いてきた。1年以上納めないまま卒業した例もあるという。元校長は、卒業生宅を督促に訪れた際、母親から「払えないのよ」と財布をたたきつけられたという。

> 10年間の未納分は、未払いのまま？
> 自分も支払わなくてもよいと思う保護者もいるのでは？

4校の校長は法的措置をとるよりもまず、通知を出して解決をはかることにした。市教委は「通知の効果があったのは良かったが、できれば避けたい苦渋の選択だった」とする。弁当を持参させれば、未納だとほかの生徒にもわかるからだ。

通知後、市教委には20件近い意見が寄せられた。ほとんどが「支払うのが当然だ」と理解を示す声だったという。だが、市内の中学2年生女子の母親(46)は「子どもに罪はないのに、親の責任を押しつけるようで、やり過ぎだ」と話す。

疑問点を整理し、不明点を明らかにすると、自分が関心を持っていること、さらに調査したいことが明らかになります。そこからレポートのテーマを見つけていきましょう。

関心を持ったこと、さらに調査したいこと

・給食費未納の場合、誰がそれを補填しているのか？

・給食制度そのものの見直しが必要では？

・給食制度のメリット、デメリットは？

・「私会計」方式以外の会計方式は考えられないのか？

・日本以外の国の中学生の昼食事情は？

・この方法でも未納者が出た場合、給食を停止された子供に対して、ケアが必要？
不必要？

第6課

第7課 調査報告型レポートを作成しよう

目標
① 調査報告型レポートの作成方法が分かる。
② 調査報告型レポートが作成できる。

マナビの失敗　マナビが調査報告型レポートを作成したところ、先生から考察が明確ではないと指摘を受けてしまいました。

マナビのレポート

> 　以上の調査により給食費未納の問題が増加していることが分かった。現状のまま給食費未納問題を解決できないままでは教育現場に大きな影響を与えるので、早く解決されるべきだと思った。

もう少し考察を明確に述べましょう。

1 調査報告型レポートとは

　調査報告型レポートとは、問いを定め、詳細な資料調査と資料読解をとおして明らかになったことをまとめ、その考察を述べるレポートのことです。調査に対する具体的な指示がある場合は、その指示に従った資料調査と読解、まとめと考察を行う必要があります。具体的な指示がない場合は、自分でどういう観点から調査を行い、何を読み取って考察をするのかを決める必要があります。

　問いを導くための方法の1つとしてマッピングがあります。以下にマッピングの方法を示します。また、マッピング例がp.78にありますので参照しましょう。

マッピングの方法

a. 用紙の中央にテーマを記入する
b. テーマに関して思いつく言葉（キーワード）を挙げる
c. 関連するキーワードを線で結ぶ
d. 関連項目をグループに分け、その内容を自分の言葉でまとめる

レポート作成プロセス編

このテキストでは、以下の設定でレポートを作成することを想定したプロセスを示します。
「時事問題で関心のあるテーマを選び、問題となる事項について調査し、考察を述べなさい（本文のみで 1,200 字程度）。」

2 調査報告型レポートの作成プロセス

以下に、実際の調査報告型レポート作成プロセスを提示します。確認しましょう。

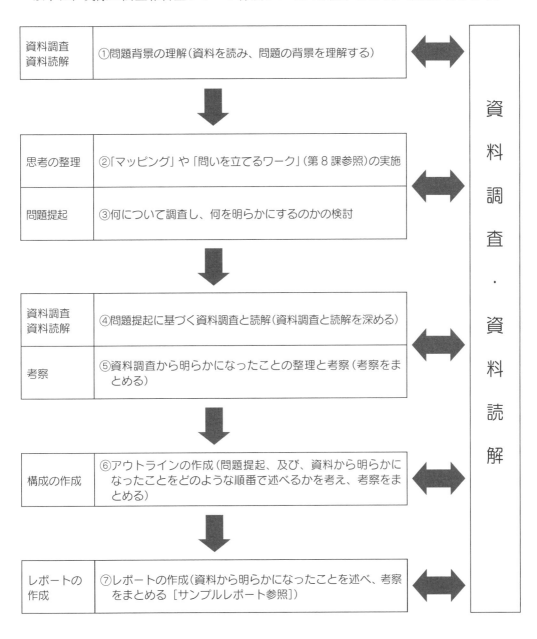

レポート作成中は資料調査と資料読解を常に行い、より的確な調査報告型レポートになるように心がけましょう。

3　マッピング例：『調査報告型レポート』

以下に調査報告型レポートの問いを見つけるためのマッピングの例を示します。

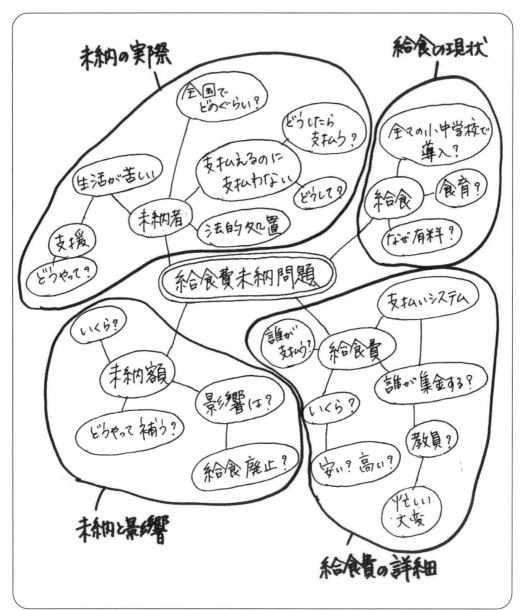

4　調査報告型レポートの問いとは

　調査報告型レポートでは、どのような問いを立て、何を調査するかが重要です。問題の背景から生じた問い（分からないこと、疑問に思うこと）を問題提起とし、調査する必要があります。この場合の問いは、「5W1H　いつ（When）、どこで（Where）、誰が（Who）、何を（What）、なぜ（Why）、どのように（How）」が基本となります。マッピン

グなどを使用し、最も自分が知りたいと思うこと、疑問に思うこと、明らかにしておいたほうがよいと思うことを整理し、問題提起しましょう。

サンプルレポートの問い

　給食費未納問題について考えるためには、給食の役割を明らかにする必要があるのではないか。　　　　　　　　　　何を(What)

5　調査報告型レポートにおける事実（調査内容）→解釈→考察の提示方法

　調査報告型レポートでは、資料調査と読解が重要ですが、それを書いただけでは資料のつぎはぎになってしまいます。資料に書かれている事実は何か、その事実を自分がどのように捉えているか、また、自分の問題提起とどのようにかかわっているのか（解釈）、そこから何が考えられるのか（考察）をまとめましょう。

事実
　現在、給食費未納が大きな問題となっている背景には何があるのだろうか。文部科学省「学校給食費の徴収状況に関する調査の結果について」によると、給食費未納の児童生徒がいた小中学校は45.6%、未納の児童生徒数は0.9%であることが明らかになった。学校給食費の未納額としては全体の0.4%に相当する金額である。学校給食費の未納に関する主な原因は、保護者としての責任感や規範意識の低さが68.5%であり、保護者の経済的な問題の18.9%を大きく上回っている。

解釈
　このことは、調査した学校の約4割の学校に給食費未納者がおり、そのうち、保護者としての責任感や規範意識の低さが原因である場合が半数を大きく上回ることを示している。

考察
　以上のように、給食費未納問題の背景には、保護者の経済的な問題だけではなく、保護者の意識がかかわっている。そして、責任感や規範意識の低さからの未納には、子供に対する無関心など虐待につながるシグナルが隠されている場合もあるのではないか。給食費未納に至る背景については慎重な検討が必要である。

第7課

6　アウトラインとは

　レポートを作成する際は、いきなり作成を始めるのではなく、内容や構成を考える必要があります。それをアウトライン（輪郭・概要を指す語）といいます。

 下のレポートは内容についての問題を含んでいます。それは何でしょうか。構成に着目して、問題点を指摘しましょう。

科目名
△△△△先生

給食費未納問題の現状と課題

××学部○○学科△△コース
学籍番号　氏名

キーワード：学校給食、未納問題、学校給食会計、食育基本法、給食費無償化

1. はじめに

　日本における学校給食の歴史は長い。全国学校給食会連合会「学校給食の歴史」（http://www.zenkyuren.jp/lunch/ 2015 年 12 月 21 日閲覧）によると、学校教育における給食は、1889 年に山形県鶴岡市の私立忠愛小学校で開始されたのが起源だという。対象は貧困家庭の児童で無償での提供だった。今日では給食費は保護者が負担するものとなっているが、その未納が社会的にも大きな問題となっている。

　このレポートでは、給食費未納の現状を明らかにするとともに、学校給食の役割を確認したい。

2. 給食費未納の現状と学校給食の今後について

　学校給食の提供は、義務教育である小学校、中学校で行われることが多い。しかし、文部科学省「学校給食費の徴収状況に関する調査の結果について（平成 24 年度）」（http://www.mext.go.jp/b_menu/houdou/26/01/1343512.htm 2018 年 9 月 11 日閲覧）によると、給食費未納の児童生徒がいた小中学校は 46.5%、未納の児童生徒数は 0.9% であることが明らかになった。未納の生徒に対する対応は、教員が行っているのが現状だ。

　昨今、教員の過重労働が問題となっている。岩手県の調査によると、県立高校の教職員で、2017 年度に 14 日以上の病気療養をした者は 103 人であり、うち、精神疾患での療養者が約 37% に上ったという（「教職員の負担減、県教委が改革案 部活の制限など ／岩手県」『朝日新聞』2018 年 7 月 26 日朝刊 岩手全県版）。給食費未納の督促も教員の大きな負担となっているだろう。

　したがって、教員の負担を減らすために、学校給食の未納に関する督促は、すべて自治体が管理するべきだ。

3. むすび

　給食費の未納問題は、教員の労働環境を悪化させる大きな原因のひとつである。よりよい教育環境を守るためにも、給食費未納問題は解決すべき問題だ。

（引用文献省略）

　このレポートは、レポートの目的と、本論、むすびで述べている内容がずれています。また、主張があいまいで、論証型レポートなのか、調査報告型レポートなのかが分かりません。アウトラインを作成することで、こうした問題の発生を防ぐことができます。以下、基本的な構成を示しますので、自分のレポート作成の際にいかしましょう。

7　論構成の方法を知ろう：『調査報告型レポート』

1. はじめに
　★問題背景…テーマについての現状説明や課題提示
　　　　　　　※資料を引用して客観的な視点を入れること
　★問題提起…具体的な問いを示す
　★レポートの目的…調査の手順と何が明らかになったのかを述べる

2. ＿＿＿＿＿＿＿＿＿＿＿＿＿＿＿＿（調査内容とその解釈に即した見出しを付ける）
　★資料調査（具体的な資料引用）
　　　　＋
　★調査内容の解釈

　★考察

3. ＿＿＿＿＿＿＿＿＿＿＿＿＿＿＿＿（調査内容とその解釈に即した見出しを付ける）
　★資料調査（具体的な資料引用）
　　　　＋
　★調査内容の解釈

　★考察（レポート全体をとおして）

4. むすび（おわりに）
　★まとめ（レポート全体をまとめる）

　★今後の課題

レポートのタイトルや見出しは、それだけで読む人が内容を把握できるような具体性のあるものにしましょう。タイトルに問題提起や主張を入れるようにすると分かりやすくなります。
×「給食費未納とは」
○「給食費未納問題解消へ向けての給食費納入システムの見直し」

第7課

7-1　論構成に基づくアウトライン：『調査報告型レポート』

1. はじめに
　★問題背景…給食費未納の現状と会計方式
　　　・実際に起こった給食費未納の事例
　　　・給食費未納が会計方式と関係している
　★問題提起…給食費未納問題解決にむけてどのような方法があるか
　★レポートの目的…以下のことを調べ、明らかにする
　　　・学校給食をめぐる状況
　　　・給食費の公会計方式

　　調査内容とその解釈
2. 給食費未納の現状
　　調査内容…文科省「学校給食費の徴収状況に関する調査の結果について（平成
　　　　　　　　28年度）」より
　　　・未納児童や生徒がいた小中学校の割合、その内の未納児童や生徒数の割合
　　　・未納の主な原因
　　調査内容の解釈
　　　・未納の主な原因は、経済的問題ばかりではない
　　　・背景にある問題を検討すべきである
3. 学校給食の目的
　　調査内容…公会計方式のメリット
　　　・安定した給食の提供
　　　・実際に公会計化した自治体の事例
　　調査内容の解釈
　　　・教員、保護者ともに負担が軽減する
　★考察（全体をとおして）
　　　・課題は多いが子供が安定した給食の提供を受けるために公会計化すべきだ

4. むすび（おわりに）
　★まとめ…給食費未納問題の背景には、さまざまな問題がある
　　　　　　給食費の公会計化により、保護者だけではなく、教員の負担も減る
　★今後の課題…公会計化を行う自治体を増やす

7-2　自分でアウトラインを作成してみよう：『調査報告型レポート』

調査報告型レポート アウトラインシート

1. はじめに
 ★問題背景…

 ★問題提起…

 ★レポートの目的…

2. ＿＿＿＿＿＿＿＿＿＿＿＿＿＿＿＿（調査内容とその解釈に即した見出しを付ける）
 ★資料調査（具体的な資料引用）
 　　　　＋
 ★調査内容の解釈

 ★考察

3. ＿＿＿＿＿＿＿＿＿＿＿＿＿＿＿＿（調査内容とその解釈に即した見出しを付ける）
 ★資料調査（具体的な資料引用）
 　　　　＋
 ★調査内容の解釈

 ★考察（レポート全体をとおして）

4. むすび（おわりに）
 ★まとめ（レポート全体をまとめる）…

 ★今後の課題…

第7課

84

 STEP **2** 給食や給食費未納に関する調査報告型レポートを作成することを想定し、5W1Hに基づいて問いを考えてみましょう。

例：給食はいつから始まり、現在どのように運用されているのだろうか。
　　　　　When　　　　　　　　　How

STEP **3** 以下の資料を読み、下線部に考察を書いてみましょう。

　給食費未納の家庭に教員が対応する事例もある。文部科学省の平成28年度学校給食費の徴収状況の調査結果によると、調査対象学校数572校のうち、学校給食費が未納な児童生徒がいた学校数は261校で45.6％、未納の児童生徒数は206,797名中1,795名で0.9％であった。また、未納の保護者に対する督促を行っているのは、学校事務職員が47.1％と最も多く、続いて学級担任が46.0％という結果であった。ここから、学級担任への負担は少なくないことが分かる。

　また、国は教員の働き方改革を進めているが、2022年度の文部科学省による勤務実態調査では、残業時間が、国の指針で定める「月45時間」の上限を超えた教員は、公立の小学校で全体の6割、中学校では7割に上ったという。このように長時間勤務などが続けば、心身の健康が損なわれる可能性もある。_____
_____
_____

レポート作成プロセス編

第8課 論証型レポートを作成しよう

目標 ▶
① 論証型レポートの作成方法が分かる。
② 論証型レポートが作成できる。

マナビの失敗　マナビが論証型レポートを作成したところ、調査報告型レポートになっていると指摘を受けてしまいました。

マナビのレポート

　以上の調査により、給食費未納の問題が増加していることが分かった。このことからも、給食費未納問題は今後、早急に問題解決をはかる必要が求められる。

調査内容の考察のみで主張がないので、これでは調査報告型レポートです。

1　論証型レポートとは

　論証型レポートとは、問題の背景を理解したうえで問題提起を行い、それに対する具体的な方策などを主張として述べるレポートのことです。自分の考えを、論拠を示し、主張することが求められます。

 「論じる」とは

　「論じる」とは、問いを立て、それについて根拠を提示しながら答えることです。その根拠は、資料等を元にした客観的な事実であることが求められます。また、感想や自分がなんとなく考えていることを書き連ねることは「論じる」ことではありません。読み手が納得するように論理的で説得力のある根拠の提示や論展開が必要となります。

このテキストでは、以下の設定でレポートを作成することを想定したプロセスを示します。
「時事問題で関心のあるテーマを選び、問題となる事項について、主張としての具体的な方策を述べなさい(本文のみで 2,000 字以上)。」
なお、ここでの具体的な方策とは、問題解決にむけた実際的な解決案を言います。

2　論証型レポートの作成プロセス

以下に、実際の論証型レポート作成プロセスを提示します。確認しましょう。

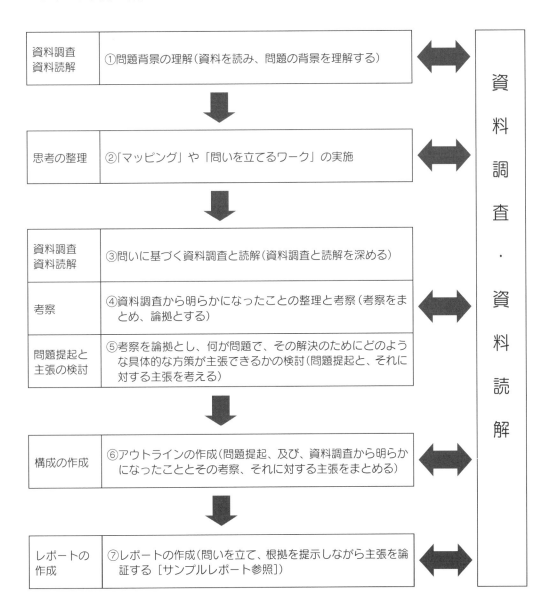

レポート作成中は資料調査と資料読解を常に行い、より的確な論証型レポートになるように心がけましょう。

3 マッピング例：『論証型レポート』

以下に論証型レポートの問いを見つけるためのマッピングの例を示します。

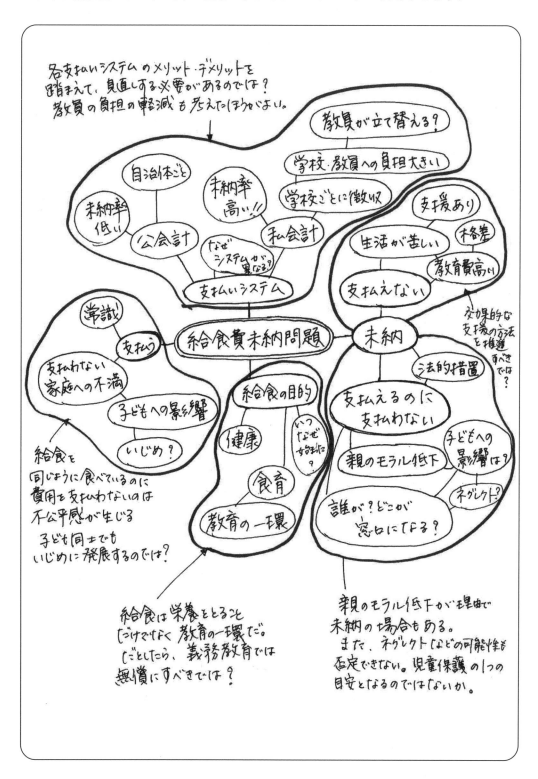

4 　論証型レポートの問いとは

　戸田山（2012）は、論文の柱として、「(1)与えられた問い、あるいは自分で立てた問いに対して、(2)一つの明確な答えを主張し、(3)その主張を論理的に裏づけるための事実的・理論的な根拠を提示して主張を論証する」の3点を挙げています。

　問いとは、そのレポートで取り上げる問題の提示です。その問いに対して、主張を論証していくのが、論証型レポートです。したがって、問いと主張は必ず対応していなければなりません。問いは、大学での資料読解方法、マッピング、問いを出すワークなどをとおし、見つけていきましょう。さまざまな角度から問題を検証し、小さな問いを多く取り出していき、そこからレポートの問いと主張を検討します。その際に、主張は論証できるものを選択する必要があります。

4-1 　調査報告型レポートの問いと論証型レポートの問いの違い

　以下の例を参照し、レポートに求められていることによって、どのような点が異なり、何が必要なのかを考えてみましょう。

調査報告型レポートの問い	論証型レポートの問い
給食費未納の場合、誰がそれを補填しているのか。	給食費未納の場合、教員個人や学校、自治体が補填しており、この状況を改善するために、無償化する必要があるのではないか。
昨年度の各都道府県の給食費未納率はどれくらいか。	各都道府県の給食費未納率を調査し、未納率が低い自治体の取り組みを全国に展開すべきではないか。
義務教育なのになぜ有料なのか。	義務教育であるにもかかわらず、学校給食法により給食費は有償であるため、今後食育の一環として無償化するべきではないか。
給食制度のメリット・デメリットは何か。	給食には食育の観点からメリットが多いが、現状は未納問題が教育現場を圧迫するというデメリットがあるため、無償化することで、そのデメリットを解消すべきではないか。
給食費が未納であるほど生活が苦しい家庭に対する支援はどのようなものがあるのか。	経済的な理由で給食費が未納である家庭に対し、就学援助が行われているかを含め、学校の枠を超えて各関係機関と連携してサポートする体制を整える必要があるのではないか。

4-2　問いを考えるプロセス

> 給食費を支払わない場合、誰がそれを補填しているのだろう？

★資料調査をしたら、答えが見つかったので、これは調査報告型レポートの問いだな……

`資料調査と考察`

> 誰かが補填したり、未納家庭の児童生徒が責任をとったりしなくてもよい方法はないのだろうか？

★この解決策が具体的方策として主張できるかな？

`資料調査と考察`

> 給食費未納の場合、教員個人や学校、自治体が補填している。この状況を改善するために、給食費納入システムを公会計に統一する必要があるのではないか。

★会計システムを統一したら解決できないかな…。これは具体的方策なので論証型レポートの問いになりそう…！

5　論証型レポートで主張する際の注意点

　調査報告型レポートでは、問いに基づいた資料調査を行い、そこから明らかになったことをまとめ、それに対する考察を述べる必要がありました。論証型レポートでは自ら問題提起をし、論拠に基づき自分の主張を述べていく必要があります。その際、あまりにも漠然としていたり、現実離れしていたりするものはふさわしくありません。資料調査を利用しながら、事実や自分の考えを論拠として積み重ね、主張する必要があります。

サンプルレポートの主張（具体的な方策）

　給食は教育の一環であると同時に、子供の健康維持にも重要な役割を果たしている。公会計化が進み、そうした地方自治体の事例が報告されることで、さらに公会計方式を導入する自治体が増えると期待できる。まず給食費の公会計化への全国的な統一が必要である。
主張（具体的な方策）
そして、それが足がかりとなり、学校給食の無償化が行われることにつながるだろう。

---

6 論証型レポートの問いを立てよう

ポイント　①思いついた問いをどんどん書き出しましょう（問いは疑問文で作ってみましょう）。

②メモした問いを改めて見直し、論拠に基づき、主張（具体的な方策）を考えられる問いに○を付けてみましょう。

6-1 問いを書き出そう

	問い	○
①		
②		
③		
④		
⑤		
⑥		
⑦		
⑧		
⑨		
⑩		
⑪		
⑫		
⑬		
⑭		
⑮		
⑯		
⑰		
⑱		
⑲		
⑳		

　○を付けた問いにかかわる資料調査を行いましょう。その際に論拠を示せる主張（具体的な方策）につながる問いが問題提起になります。

　問いと主張（具体的な方策）を考えることができたら、アウトラインを作りましょう。

第8課

7　論構成の方法を知ろう：『論証型レポート』

1. はじめに
　★問題背景…テーマについての現状説明や課題提示
　　　　　　　　　※資料を引用して客観的な視点を入れること
　★問題提起…具体的な問いを示す
　★レポートの目的…自分が最善と考える主張（具体的な方策）を述べる

論拠と主張
2〜4.
　★主張の裏付け（具体的な資料引用）
　　　　　　　　　＋　　　　　　　　　　　　　　　　　　}論拠
　★資料の解釈（そこから何が言えるのかを述べる）
　　　　　　　　　↓
　★主張（それが自分の主張とどのようにつながるかを述べる）
　※2〜4の中で、この構成になるようにしましょう。さらに、最後には、主張の
　　裏付けとして述べた内容を包括的に捉え、再度主張として述べましょう。

5. むすび（おわりに）
　★まとめ（レポート全体をまとめる）

　★今後の課題

レポート作成プロセス編

7-1　論構成に基づくアウトライン：『論証型レポート』

---

1. はじめに
   ★**問題背景**…給食費未納の現状と会計方式
   ・実際に起こった給食費未納の事例
   ・給食費未納が会計方式と関係している
   ★**問題提起**…学校給食費の会計方式を見直すべきではないか
   ★**レポートの目的**…以下のことを調べ、具体的方策を提案する
   ・学校給食をめぐる現状についての検証
   ・全国的に会計システムを公会計方式に変えるべき

　論拠と主張
2. **学校給食法と給食費の保護者負担について**
   ○「学校給食法」により、給食費は保護者が負担すると定められている
   ○未納の背景にある問題を視野に入れるべき
   　→安定した給食の提供に未納問題の解決は不可欠
3. **義務教育における食育推進と給食**
   ○「食育基本法」により、学校給食は単なる栄養補給のための食事にとどまらず学校教育の一環であるとされている
   　→本来は無償化が望ましいが現状は難しいため、未納問題が起こらない仕組みが必要
4. **学校給食費無償化への取り組み**
   ○公会計方式にする自治体は増えてきている
   ○東京23区の一部など、給食費を無償化する自治体が増えてきている
   　→公会計化することで、給食費無償化に近づけるのではないか

   主張　教育の一環であり、子供の健康維持に不可欠な給食の安定した提供が必要
   全国的に公会計化に統一することで、自治体間が連携でき、無償化への動きにもつなげられるのではないか

第8課

---

5. むすび（おわりに）
   ★**まとめ**…給食費未納問題が深刻化している
   　　　　　未納問題の背景に納入システムの不統一があり、特に学校や教員が徴収を行う私会計方式に問題があるのではないか
   　　　　　→公会計方式に統一すべきである
   ★**今後の課題**…財源の確保

7-2　自分でアウトラインを作成してみよう：『論証型レポート』

論証型レポート アウトラインシート

1. はじめに
　　★問題背景…

　　★問題提起…

　　★レポートの目的…

　　論拠と主張
2.＿＿＿＿＿＿＿＿＿＿＿＿＿＿＿＿＿＿＿＿＿＿＿＿＿
　　　…

3.＿＿＿＿＿＿＿＿＿＿＿＿＿＿＿＿＿＿＿＿＿＿＿＿＿
　　　…

4.＿＿＿＿＿＿＿＿＿＿＿＿＿＿＿＿＿＿＿＿＿＿＿＿＿
　　　…

主張

5. むすび（おわりに）
　　★まとめ（レポート全体をまとめる）…

　　★今後の課題…

7-3　小論文アウトライン

序論

★**問題背景**…給食費未納の問題点
　　　　　　・未納問題から訴訟になる事例がある
★**問題提起**…未納をなくす仕組みと同時に未納に至る家庭をサポートする仕組み
　　　　　　を考えるべきではないか

本論

★**根拠1**…経済的に給食費を支払えない状況について
　　　　　・子供の貧困の表面化
★**根拠2**…給食費を支払えるのに支払わない状況について
　　　　　・保護者のケア、子供のケアの必要性
★**根拠3**…教員の負担を増やさずに未納を解決する方法について
　　　　　・給食費の管理を行うこと自体が教員の負担となっている
　　　　　・教員による現状以上の各家庭に対する個別対応は物理的に不可能で
　　　　　　ある

　　　　　　　　　　　　　　　　⬇

　　　　　未納の状況によって各関係機関と連携する必要があるが、それを教員
　　　　　が行うことは不可能である

結論

★**主張とまとめ**
　　　　　・給食費の管理、及び、それにかかわる保護者との対応や関係機関と
　　　　　　の連携を専門とする人員を確保するべきである
　　　　　・学校の負担を減らし、子供が安定した給食の提供を受けるために
　　　　　　も、給食費を無償化すべきだ

第8課

7-4　自分でアウトラインを作成してみよう：小論文

序論
　★問題背景…

　★問題提起…

本論
　★根拠1…

　★根拠2…

　★根拠3…

結論
　★主張とまとめ

98

第9課 文章を推敲してみよう

目標

① レポートにふさわしい表現や表記のルールを元に、自分の文章の誤りに気づくことができる。
② 説得力のある論理展開になるよう推敲できる。

マナビの失敗

マナビが完成したレポートを提出したところ、推敲についての指摘を受けてしまいました。

マナビのレポート

給食費未納問題の解決に向けて今後なにふぁ必要なのだろうか。その事を考える為に、教育という観点から文科省の見解を調べてみた。

タイプミスや表記ルールなどを推敲してから提出しましょう。

1 推敲の基本

長すぎる文章は分かりにくくなる原因になるので注意！

a. 紙のサイズや表紙、行数などの指示を守っていますか
b. タイプミスはありませんか
c. 読み直して、意味の分かりにくい文章はありませんか
d. 引用の方法は適切ですか
e. 人の意見や事実と、自分の意見が区別できていますか
f. 引用箇所についての出典が過不足なく明記されていますか
g. 読み手に伝わるように論が構成されていますか
h. レポートにふさわしい表現や表記になっていますか

以上の項目は最低限必ず確認しなければならないことです。この基準を意識し、いつも確認するようにしましょう。

レポート作成プロセス編

2　チェックリスト

　以下に、提出段階、調査報告型レポート、論証型レポート、小論文の基本的な確認事項を示します。それぞれの課題の作成段階、及び、提出段階においてしっかり確認を行い、完成度を高めて提出しましょう（体裁等に指示がある場合は、指示に従っているか確認しましょう）。

2-1　提出前チェックリスト

体裁	□ A4 縦／横書きになっている
	□ 40 字×40 行になっている
	□ 10.5 ポイント、明朝になっている
	□ 授業名、担当教員名など提出先情報が正しく記載されている
	□ 学籍番号など自分の情報が正しく記載されている
	□ 横書きは左上、縦書きは右上をホチキスなどでとめてある
内容・形式	□ 章の構成、出典情報の明記の方法などが指定のとおりになっている
	□ 課題の目的に応えている
	□ 誤字脱字がない
	□ レポートにふさわしい表現・表記になっている
引用	□ 文章内で引用とそれ以外の文章との区別がある
	□ 出典の書き方に過不足がない
そのほか	□ データを保存してある
	□ プリントアウトをしたもので全体の確認をしてある

2-2　調査報告型レポートチェックリスト

調査	□ 調査対象について、問題提起に基づいて調査してある
	□ 調査資料を複数収集し、読解してある
	□ 調査資料について、信頼のできる資料を使用している
	＊ Wikipedia やまとめサイトを使用していない
	＊資料の孫引きを行っていない
	＊古すぎる資料を使用していない
報告と考察	□ 問題背景が何かを説明している
	□ 問題背景に基づき、何について調査し、報告するのかを明確に述べている
	□ 資料を用いながら、資料から読み取れることを明確に述べている
	□ 調査結果を元に、考察したことを明確に述べている
構成	□「はじめに」、本論、「むすび（おわりに）」の構成で、指定の字数になっている
	□ パラグラフの最後にパラグラフで述べてきたことのまとめが書かれている
	□ パラグラフ同士のつながりが示されている

第9課

2-3　論証型レポートチェックリスト

調査	□ 調査対象について、問いに基づいて調査してある
	□ 調査資料を複数収集し、読解してある
	□ 調査資料について、信頼のできる資料を使用している
	＊ Wikipedia やまとめサイトを使用していない
	＊資料の孫引きを行っていない
	＊古すぎる資料を使用していない
問題提起	□ 問題背景が何かを説明している
	□ 問題背景に基づき、問題提起をしている
論証	□ 資料を用いながら、資料から読み取れることを明確に述べている
	□ 主張(具体的な方策)につながる根拠を示している
	□ 一方的な意見だけではなく、反対の意見や、自分の意見の問題点についても考察している
主張	□ 資料に基づいたうえで、そこから主張(具体的な方策)を示している
	□ 資料の読み取りに終わっていない
構成	□ 「はじめに」、本論、「むすび(おわりに)」の構成で、指定の字数になっている
	□ パラグラフの最後にパラグラフで述べてきたことのまとめが書かれている
	□ パラグラフ同士のつながりが示されている

2-4　小論文チェックリスト

主張	□ 求められていることの意図を理解している
	＊賛否を書くのか
	＊自分の意見を書くのか
	＊指定された事柄の状況を書くのか ほか
	□ 問題背景→問題提起→主張の根拠→まとめと主張の構成になっている
	□ 一方的な意見だけではなく、反対の意見や、自分の意見の問題点についても考察している
構成	□ 序論、本論、結論の構成で、指定の字数になっている
	□ パラグラフの最後にパラグラフのまとめが書かれている
	□ パラグラフ同士のつながりが示されている

2-5　付録　第2課補足チェックリスト

□「私」「思う」を使用していない（使用すると感想文のようになる）
□「てしまう」を多用していない（感情的な表現である）
□ 擬音語（どんどん、など）、擬態語（ぺちゃくちゃ、など）を使用していない（使用すると幼い印象の文章になる）
□ 読者に語りかけていない（例：「皆さんはどうだろうか」レポートは報告書のため、読者の立場を求めない）
□ 敬語を使用していない（例：「方々」、「さん」、「なさる」→「人々」、「氏」、「する」）
□「1 点目、2 点目」／「1 つめ、2 つめ」を使用していない →「第 1 に、第 2 に」／「まず、次に」
□「ような」、「など」、「という」などあいまいにする表現を使用していない（例：スマートフォンなどは→スマートフォンは）

 ## レポートに必要な情報を記そう

　レポートを提出する際は、特に指定のない場合、以下の内容を記載しておく必要があります。

> 提出先の誤りなどをなくすためにも、科目の情報を記しましょう。先生の名前も入れておくと安心です。また、右上に提出日を記す場合もあります。

科目名
△△△△先生

給食費未納問題の現状と課題

> 自分の情報が最も重要です。学部学科コースは省略せず正確に記しましょう。学籍番号も必須です。

××学部○○学科△△コース
学籍番号　氏名

キーワード：給食費未納、学校給食、学校給食会計、食育基本法、
　　　　　　給食費無償化

1. はじめに

> キーワードを 3 ～ 5 個記しましょう。文にならないように注意します。レポートのテーマに関する語を選びます。

第9課

メールは相手の表情が見えないので丁寧に書こう

担当の先生にメールを書く際は、以下のことに気を付けましょう。

・メールの件名に、用件を記入する

・本文のはじめにメールの宛名を記入する（例　近藤裕子先生）

・学籍番号、氏名、受講している授業名など、自分の情報を明記する

・用件をなるべく簡潔に述べる

・くだけた表現は避ける（絵文字や顔文字は使用しない）

・スマートフォンから簡易的にメールを出すのではなく、大学から発行されているメールアドレスを使用するのが望ましい（自分のアカウントの管理をきちんと行うこと）

・メールの作成が終了したら、送信する前に読み返し、誤字脱字がないか確認してから送信する

メールの例

件名：　「基礎演習Ⅰ」プレゼンテーション資料について（氏名）

メール本文

○○○○先生

○曜○限の「基礎演習Ⅰ」でお世話になっております、Ａ学部Ｂ学科Ｃコース１年
（学籍番号）○○（自分の氏名）です。
次回の授業で行うプレゼンテーションのスライド資料を添付いたします。
よろしくご査収くださいますよう、お願いいたします。

氏名○○○○

レポート作成プロセス編

第10課 プレゼンテーションをしてみよう

目標 ▶

① プレゼンテーションの際の適切な資料とはどのような ものかを理解できる。
② 口頭発表の方法を理解できる。

マナビの失敗 マナビが以下のスライドを作成したところ、「このスライドのデ ザインは発表内容と合っていないのではないか」と指摘を受けてし まいました。

マナビのスライド

1　プレゼンテーションの際に考慮しなければならないこと

☐ どこで行うのか
　　（部屋の広さ、機材の有無）
☐ 聞き手が誰で、何人いるのか
☐ 何について行うのか
☐ 資料についての指示はあるか
☐ 持ち時間は何分か

資料なし

資料あり

資料の種類には、
・レジュメ
　（ハンドアウト）
・ポスター
　（模造紙）
・PowerPoint の
　スライド
などがあります。

以上の条件に合う資料を作成する必要があります。

2　口頭発表のポイント

準備編

☐ **アウトラインを作成しているか**
　・レポートと同じように、アウトラインを考えてから資料を作成しましょう。
☐ **資料が必要な場合、適切な資料を作成しているか**
　・資料に関する指示がない場合は、自分で適切な資料は何かを考える必要があります。
☐ **口頭発表用の準備はしているか**
　・アドリブにまかせて話すのは、わかりやすい発表とは言えません。話す内容を整理し、メモや原稿を作るなどして、内容の漏れがないように準備しましょう。
☐ **話す内容の分量は適切か**
　・300 字～ 400 字程度を 1 分で話すのが目安です。持ち時間を元に分量を調節しましょう。
☐ **事前に練習しているか**
　・時間内に収まるか、スライドの送り方などを確認しましょう。
　・PowerPoint のスライドの場合、箇条書きにするなど、見やすいように工夫しましょう。

発表編

☐ **声の大きさは適切か**
　・聞き手が「よく聞こえない」のが最も問題なので、大きな声を出すことに不安がある場合は、マイクを使いましょう。
☐ **下を向いて原稿を読むだけになっていないか**
　・常に聞き手を意識し、反応に注意しましょう。
☐ **適宜身振りを入れているか**
　・スライドやポスターの該当箇所を示しましょう。
☐ **発表している箇所を示しているか**
　・聞き手に分かりやすいように、資料の具体的な番号やページ、位置を口頭発表のなかで示しましょう。

第10課

3　見やすいスライドの例

以下の見やすいスライドの例を参照しましょう。

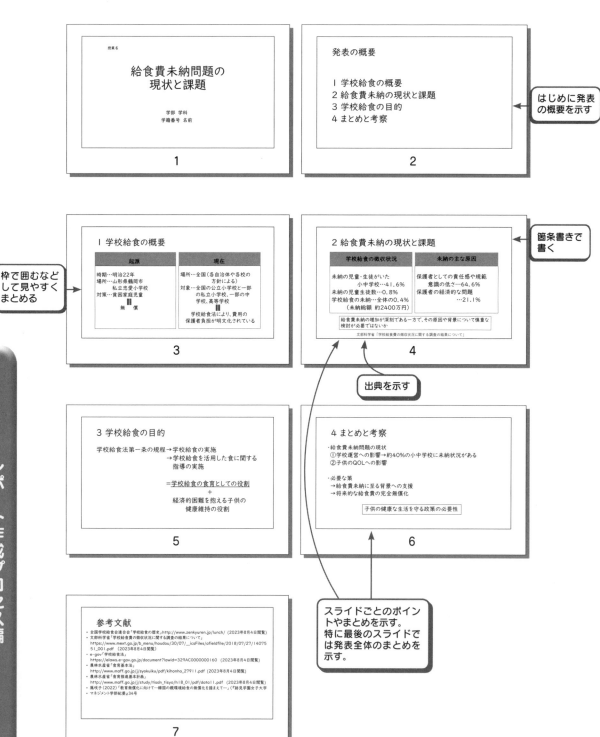

4　プレゼンテーションチェックリスト

準備	□ 資料についての指示（任意、PowerPoint 指定、模造紙指定など）に従っている
	□ 会場や聞き手の人数、発表内容にふさわしい資料を選んでいる
	□ ハンドアウトを利用するかなど、指示や状況が考慮されている
	□ 時間を守り、聞き手にわかりやすい発表ができるよう練習を重ねている
構成	□ タイトルと発表者がわかりやすく示されている
	□ はじめに発表の概要（目次）が示されている
	□ 問題提起→考察→主張・結論→参考文献の構成になっている
口頭発表	□ 指定時間にふさわしい発表内容となっている（1分300〜400字程度が原稿として望ましい）
	□ 原稿やメモを作成し、内容について検討を重ねている
	□ 原稿やメモにとらわれることなく、聞き手を意識した発表を行っている
	□ 適切にマイクを使用するなど、聞き手に配慮している
資料	□ 模造紙、スライドの文字が、発表場所に適したサイズになっている
	□ 適切に色や図を使うなど見やすさを意識した資料になっている
	□ スライドの場合、過度なアニメーションの使用をしていない
	□ スライドの場合、1分1枚程度になっている

第10課

付　録

　付録1、2 では、Microsoft Word、Microsoft PowerPointの基本的な使用方法を掲載しています。付録3では、レポートにふさわしい表現を提示していますので参考にしてください。

(本書では、Windows 版 Microsoft Office Professional Plus 2010 を使用しています。)

付録 1

Microsoft Wordを使って 書いてみよう

Microsoft Word で文字数・行数の設定を行うには

ページレイアウトを設定する

規定された文字数・行数で文書を作成するには、《ページ設定》を行います。

文字数「40」字、行数「40」行の文書を作成する方法を例に、設定方法を紹介します。

ページレイアウトの設定は、文章を書き始める前に行ってください。

※行数・文字数以外にも余白サイズの指定があれば、以下の作業を行う前に必要な設定を行ってください。

①《ページレイアウト》タブをクリックし、さらに《ページ設定》カテゴリの右下にある ボタンをクリックします。

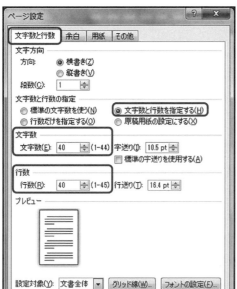

②《ページ設定》ダイアログボックスが表示されたことを確認します。

③《文字数と行数》タブが開いていることを確認します。

④《文字数と行数の設定》を「文字数と行数を指定する」に変更します。

⑤《文字数》を「40」に指定します。

⑥《行数》を「40」に指定します。

⑦《OK》をクリックします。

【注意】

文字数・行数のほかにフォントの種類やサイズが指定されている場合は、この時点でダイアログボックス内にある《フォントの設定》からフォントサイズの変更を行ってください。

文字数の確認方法

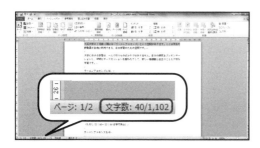

左下のステータスバーに、文字数が表示されていることを確認します。左の例の場合、文書全体では 1,102 文字、そのうち選択された文字列は 40 文字であることが分かります。

Microsoft Word で文字の大きさ・配置・デザインの設定を行うには

基本的なレポートの体裁

以下は、横書きレポートの作成例です。

Microsoft Word の《フォント》や《段落》機能を使って体裁を整えます。

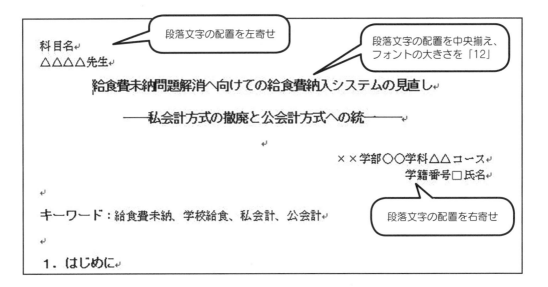

文字の大きさを変更する

《フォントサイズ》機能を使って、レポートのタイトルを 12 ポイントに変更します。

① 文字の大きさを変えたい箇所を選択します。

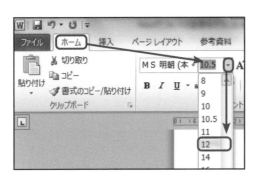

② 《ホーム》タブをクリックします。

③ 《フォント》カテゴリの《フォントサイズ》ボックス右側にある▼をクリックします。

④ 変更したいフォントサイズをクリックします。

※通常、特に指定がない限りレポートのタイトルにはフォントサイズ「12」を使用します。

⑤ 文字の大きさが変更されたことを確認します。

段落文字の配置を変更する

《段落》機能を使って、タイトルを用紙の中央に配置します。

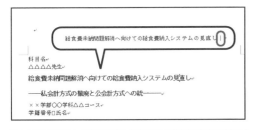

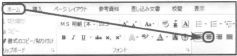

① 配置を変更したい段落にカーソルを置きます。該当の段落中であれば、どの位置にカーソルを置いても構いません。

※ Microsoft Word でいう段落とは、改行記号と改行記号に挟まれた文字の集まりのことを指します。

②《ホーム》タブをクリックし、《段落》カテゴリの中の《中央揃え》をクリックします。

③ ページの中央に段落文字の位置が移動したことを確認します。

④ 学科名など自分の所属や氏名など、ページの右側に寄せたい段落がある場合は、該当の段落にカーソルを置いてから《ホーム》タブ→《段落》カテゴリ→《文字列を右に揃える》をクリックします。

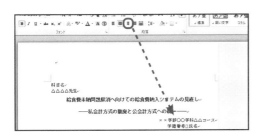

文字のデザインを変更する

《フォント》機能を使用して、文字のデザインを変更することもできます。ただし、通常は特に指定がない限り、レポートの本文には「MS　明朝」を使用します。

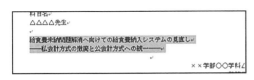

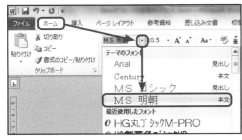

① デザインを変更したい文字列の範囲を選択します。

②《ホーム》タブをクリックします。

③《フォント》カテゴリの《フォント》ボックス右側にある▼をクリックします。

④ 変更したい文字のデザイン（種類）をクリックします。

⑤ 選択箇所の文字デザインが変わったことを確認します。

※フォントが「游明朝」になっていると行数等が揃えられないことがあるので注意しましょう。

Microsoft Word で縦書き設定を行うには

ページレイアウトを変更する

文書の縦書き／横書きは《ページレイアウト》を変更することで設定します。

※縦書き／横書きは、文章の作成中に切り替えることもできます。

① 《ページレイアウト》タブを選択します。
② 《文字列の方向》カテゴリの《縦書き》を選択します。

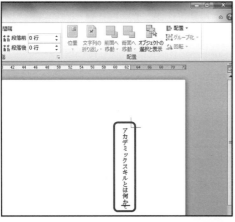

③ 文字を入力して、縦書きになっていることを確認します。

【参考】

　文字列の方向を《縦書き》に変更すると、《ページレイアウト》タブの《印刷の向き》が自動的に《横》に設定されます。

縦書き文書でテキストの一部を横書きに変更する

《縦書き》を設定すると、文書中の半角文字が横向きに表示されるようになります。縦書き文書の中の一部分だけを横書きに設定するためには《縦中横》という機能を使います。

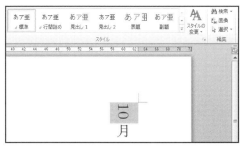

① 横書き表記をしたい箇所を一部分だけ選択します。

② 《ホーム》タブをクリックし、《段落》カテゴリの中の《拡張書式》をクリックします。

③ 《縦中横》をクリックします。

④ プレビューを確認して《OK》をクリックします。

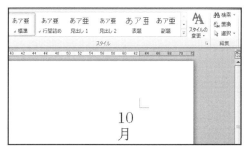

⑤ 選択していた部分のみが横書きになったことを確認します。

Microsoft Word で文末脚注を設定するには

文末脚注の構成

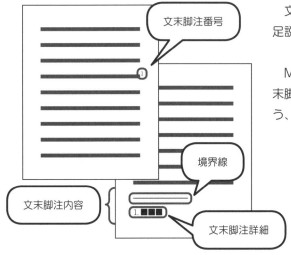

文末脚注とは、文書の末尾において内容の補足説明や参考文献などを示すものです。

Microsoft Word における文末脚注は、文末脚注番号とそれに対応した文末脚注内容という、相互に関連した部分から成り立っています。

文末脚注の設定方法

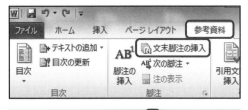

① 文末脚注番号を挿入したい位置にカーソルを置きます。

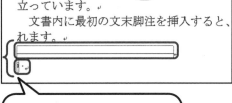

②《参考資料》タブをクリックします。
③《文末脚注の挿入》をクリックします。

④ ①で確認したカーソル位置に文末脚注番号、及び、文末に境界線と文末脚注内容が表示されたことを確認します。

※ カーソルは自動的に文末脚注内容に移動します。

文書が複数枚に渡っている場合は
最終ページの末尾に挿入されます

⑤ 文末脚注内容に詳細を手入力します。
なお、入力文字数の制限はありません。

※複数の文末脚注番号を設定した場合は、文頭
より順に番号が振られます。

【参考 1】文末脚注番号の種類を変更する

①《参考資料》-《脚注》カテゴリの中にある
「⬛」をクリックします。
②《脚注と文末脚注》カテゴリが開いたことを
確認します。
③《番号書式》から変更したい表記を選びます。
④《適用》をクリックすると、文書内の文末脚
注番号・文末脚注内容の書式が変更されま
す。

※《挿入》をクリックすると文中のカーソル位
置に新たな文末脚注番号が挿入されてしま
うので注意しましょう。

【参考 2】脚注番号を削除する

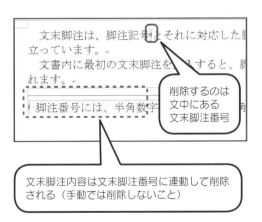

削除するのは
文中にある
文末脚注番号

文末脚注内容は文末脚注番号に連動して削除
される（手動では削除しないこと）

① 文末脚注番号をデリートキー又はバックス
ペースキーで削除します。なお、削除するの
は文中の文末脚注番号です。
② 文末脚注内容が自動的に削除されたことを
確認します。
※ 文中の文末脚注番号がすべて削除されると
境界線も削除されます。また、文中に複数の
文末脚注番号がある場合は、自動的に番号
が振り直されます。

付録2 Microsoft PowerPointで スライドを作ってみよう

■ 相手に伝わるスライドの作り方とは

分かりやすいスライドを作るためのポイント

●使用するテンプレートを選ぶ

　なるべく発表テーマに合致したテンプレートを選択しましょう。あまり発表テーマとかけ離れたイメージのテンプレートを使用すると、聞き手がプレゼンテーションに集中できなくなってしまう恐れがあります。

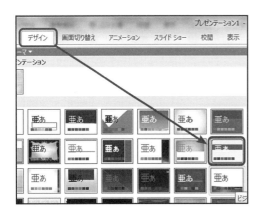

●背景色について

　赤や青などインパクトの強い色を背景色として指定すると文字が読み取りにくくなってしまいます。一般には、モノクロでスライドを作成した後で、全体の調和を見ながら強調色を足していくとバランスが取りやすいと言われています。

スライド作成のポイント

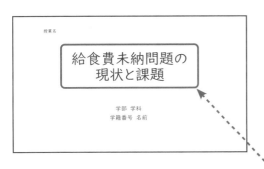

●表紙を作成する

・タイトルから発表内容が想像できるようにしましょう。

・授業名、学科名など自分の所属、学籍番号、氏名を明記します。

・使用しているフォント設定は適切か確認しましょう。

●目次（発表の概要）を作成する

・プレゼンテーション全体の流れを聞き手が想像できるように、目次（発表の概要）を作成しましょう。

・新しいスライドを挿入するには《ホーム》-《新しいスライド（▼）》をクリックし、目的に応じたレイアウトを選択します。

・箇条書き記号を付けるときは、《ホーム》-《箇条書き（▼）》をクリックし、目的に応じた行頭文字を選択します。

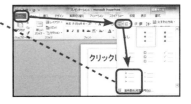

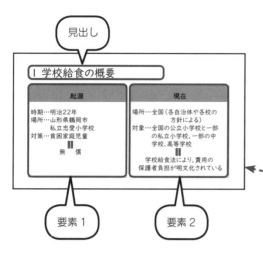

見出し

起源	現在
時期…明治22年 場所…山形県鶴岡市 　　　私立忠愛小学校 対策…貧困家庭児童 　　無　償	場所…全国（各自治体や各校の 　　　方針による） 対象…全国の公立小学校と一部 　　　の私立小学校、一部の中 　　　学校、高等学校 学校給食法により、費用の 保護者負担が明文化されている

I 学校給食の概要

要素1　　要素2

●レイアウトを工夫しよう(1)

・例えば、2つの要素を比較するには、《ホーム》-《レイアウト》-《比較》のレイアウトを利用すると分かりやすくなります。

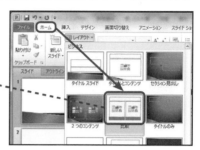

2 給食費未納の現状と課題

学校給食の徴収状況	未納の主な原因
未納の児童・生徒がいた 　　　小中学校…41.6% 未納の児童生徒数…0.8% 学校給食の未納…全体の0.4% 　（未納総額　約2400万円）	保護者としての責任感や規範 　意識の低さ…64.6% 保護者の経済的な問題 　　　　　　…21.1%

給食費未納の増加が深刻である一方で、その原因や背景について慎重な検討が必要ではないか

文部科学省「学校給食費の徴収状況に関する調査の結果について」

●レイアウトを工夫しよう(2)

・自分の意見を目立たせるためのレイアウトを心がけましょう。そのためにも図形をうまく利用しましょう。

・矢印などの図形を挿入するには、《挿入》-《図形》-《使用する図形》を選択します。画面上に黒い十字のマークが表示されたら、ドラッグして図形を描画します。

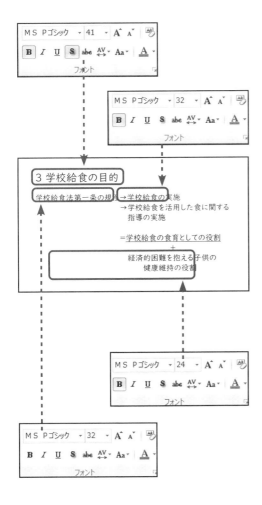

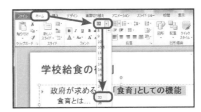

●レイアウトを工夫しよう(3)

・重要な内容は文字の大きさや太さを変えて目立たせましょう。

・フォント(文字の種類)は、《ホーム》-《フォント》から選択します。

※一般的に、大学の授業で発表する場合は「MS P ゴシック」などの見やすいフォントを選択しましょう。

・フォントサイズ(文字の大きさ)は、《ホーム》-《フォント》の数字を選択することで設定できます。

※入力済みの文字の大きさを変更するときは、まず大きさを変更したい文字列を選択し、それからフォントサイズを指定します。

4 まとめと考察

・給食費未納問題の現状
①学校運営への影響→約40%の小中学校に未納状況がある
②子供のQOLへの影響

・必要な策
→給食費未納に至る背景への支援
→将来的な給食費の完全無償化

子供の健康な生活を守る政策の必要性

●まとめを作成する

・最後に、この発表のポイントを簡潔にまとめ
ましょう。

参考文献

・全国学校給食会連合会「学校給食の歴史」http://www.zenkyuren.jp/lunch/（2023年8月4日閲覧）
・文部科学省「学校給食費の徴収状況に関する調査の結果について」
https://www.mext.go.jp/b_menu/houdou/30/07/__icsFiles/afieldfile/2018/07/27/14075
51_001.pdf（2023年8月4日閲覧）
・e-gov「学校給食法」
https://elaws.e-gov.go.jp/document?lawid=329AC0000000160（2023年8月4日閲覧）
・農林水産省「食育基本法」
http://www.maff.go.jp/j/syokuiku/pdf/kihonho_27911.pdf（2023年8月4日閲覧）
・農林水産省「食育推進基本計画」
http://www.maff.go.jp/j/study/tisan_tisyo/h18_01/pdf/data11.pdf（2023年8月4日閲覧）
・馮咲子（2022）「教育無償化に向けて―韓国の親環境給食の無償化を踏まえて―」『跡見学園女子大学
マネジメント学部紀要』34号

●引用文献を明記する

・スライドの中に示した文献や Web サイトを
引用した場合は、引用文献の出典を参考文献
として明記しましょう。

Microsoft PowerPoint で作成したスライドの印刷方法

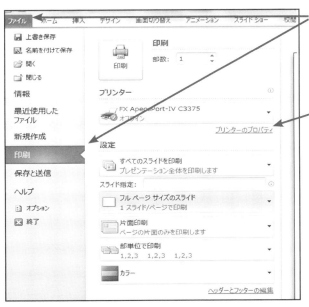

①《ファイル》→印刷を選択する

②《フルページサイズのスライド》
→６スライド(横)を選択する

③《プリンターのプロパティ》から、
カラーか白黒かを選択する

④印刷

※１ページにつき６スライド程度が
一般的ですが、指定や指示に従い
ましょう。

付録3 レポート・論文によく使われる語彙・表現

＊時事問題をテーマとする場合（新聞記事や官公庁のホームページなどを引用して問題を客観的にする）

現在、○○○が { 問題となっている。／注目されている。／行われている。 } 『○○○○』によると、□□□□ { のような／と／という } { 現状があるという。／報告されている。／取り組みがなされている。 }

例）現在、給食費未納が問題となっている。「『給食停止』当然？やり過ぎ？」『朝日新聞』2015年7月4日朝刊（東京版）には、給食費未納が続く場合、給食の提供を停止する例があると報告されている。

＊具体的な人名を出して研究史や調査をまとめる場合

・○○○については、△△△△（発表年）が、すでに□□□と述べている。

例）『源氏物語』の朱雀帝については、春日美穂（2009）が、すでに人物像の捉え直しが必要であると述べている。

・○○○については、すでに△△△△（発表年）に、□□□という指摘がある。

例）『源氏物語』の朱雀帝については、春日美穂（2009）に、人物像の捉え直しが必要であるという指摘がある。

・○○○については、△△△△に、□□□という調査がある。

例）給食費未納の問題については、文部科学省が行った「学校給食費の徴収状況に関する調査の結果について（平成24年度）」という調査がある。

＊研究史や調査を大きくまとめる場合

○○○については、□□□のように考えられてきた。

例）『源氏物語』の朱雀帝については、人物像の捉え直しが必要であると考えられてきた。

＊研究史や調査の流れを述べる場合

○○○については、すでに△△△△の一連の論考（調査）がある。

例）給食費未納の問題については、文部科学省が行った一連の調査がある。

※いずれの場合も、注や参考文献で詳しい出典について述べる必要がある。

（参照：第3課「引用の方法」）

問題提起

* 「はじめに」の最後に文章の目的を述べる場合

本稿・本論 / このレポート ｝ では○○○について ｛ 述べる。／ 論じる。／ 考察する。／ 検討する。／ 明らかにする。

本稿・本論 / このレポート ｝ の目的は○○○について / の目的は○○○の観点から ｛ 述べることである。／ 論じることである。／ 考察することである。／ 検討することである。／ 明らかにすることである。

* 研究史の問題点を指摘し、自分の論につなげる場合

△△△△の論考には○○○の ｛ 検証／検討／指摘／視点／考察／調査 ｝ が ｛ 言及されていない。／ 十分ではない。／ 不足している。／ さらに必要である。｝ に 問題がある。

* 既存の研究や調査をさらに発展させる場合

△△△△の論考 / 調査 ｛ に依拠しながら／を元に／をさらに発展させて ｝ ｛ 検証する必要がある。／ 考察する必要がある。｝

例）文部科学省の給食費未納の調査を元に、豊島区の事例について考察する必要が
　　ある。

問題の整理	**＊問題を整理する場合** 　○○○の□□□は△点ある。第1に～ 　　　　　　　　　　　　　　　　第2に～ … 　例）給食費未納の問題を考えるうえで、注目すべき点は3点ある。第1に…、第2 　　　に…、第3に…の点である。 【類似表現】 　○○○の問題点は△点にまとめることができる。第1に（まず）～ 　　　　　　　　　　　　　　　　　　　　第2に（次に）～… 　考察しなければならない点は以下のとおりである。第1に（まず）～ 　　　　　　　　　　　　　　　　　　　　第2に（次に）～… 　問題となるのは以下の点である。第1に（まず）～ 　　　　　　　　　　　　　第2に（次に）～… 　○○○について、△点にわけて考察する必要がある。第1に（まず）～ 　　　　　　　　　　　　　　　　　　　　　第2に（次に）～… **＊疑問を呈する場合** 　果たして○○○○だろうか。 　例）給食費未納の問題は、果たして保護者の問題としてのみ捉えるべきだろうか。 　※文章や考察に賛同する場合 　○○○には同意できる。 　○○○には賛同できる。
数値やデータの扱い	**＊数値が多い場合** 　○○○に及ぶ／達する 　○○○を超える／上回る 【数値が特に多い場合】 　大きく／はるかに○○○を超える／上回る **＊数値が少ない場合** 　○○○に及ばない／満たない／達しない／下回る 　わずかに○○○だ。 【数値が特に少ない場合】 　はるかに○○○に及ばない／達しない／下回る

文末の扱い	*資料を元に考察する場合 　○○○が分かる。 　○○○を意味している。 　要するに、○○○である。 　つまり、○○○である。 　○○○と言えよう。 　○○○と考えられる。 　言い換えれば、○○○だ。 　○○○を示している。 *自分の意見を述べる場合 　○○○と言えよう。 　○○○の可能性がある。 　○○○ではないか／ではないだろうか。 　○○○と考えられる。
今まで述べたこと・これから述べることの提示方法	*今まで述べたこと 　先述／前述のとおり 　先に述べたとおり 　以上のように 　以上のことから *これから述べること 　以下に 　後に
総括の提示方法	*論の総括を行う場合 以上の｛検証／検討／指摘／視点／考察／調査｝により　｛○○○○○について／○○○○○が／○○○○○を｝　｛述べた。／明らかになった。／明示した／論じた／示した。｝
今後の課題	*論の課題や展望を述べる場合 　○○○については今後の課題である。 　○○○については別稿に譲る。｝ 　○○○については稿を改めたい。｝※引き続き論証する可能性がある場合のみ使用

資料

・石黒圭(2011)「引用の種類と作法」中村明他編『日本語文章・文体・表現事典』朝倉書店

・内田樹(2008)『街場の教育論』ミシマ社

・内田樹(2012)『街場の読書論』太田出版

・鳫咲子(2016)『給食費未納　子どもの貧困と食生活格差』光文社

・鳫咲子(2022)「教育無償化に向けて―韓国の親環境給食の無償化を踏まえて―」『跡見学園女子大学マネジメント学部紀要』34 号

・柴田武(1995)『日本語はおもしろい』岩波書店

・白川静(2003)『常用字解　［第二版］』平凡社

・竹宮惠子・内田樹(2014)『竹と樹のマンガ文化論』小学館

・戸田山和久(2012)『新版論文の教室―レポートから卒論まで―』NHK ブックス

・安冨歩(2011)『生きる技法』青灯社

・由井恭子・近藤裕子・春日美穂・日下田岳史(2015)「大学生における日本語文章表現技術の授業展開とその成果」『大正大學研究紀要』100 号　pp.360–374

・由井恭子(2016)「『平家物語』竹生島詣考」『国文学踏査』28 号

・「学校弁護士　活用に課題　保護者トラブル解決　期待も…」『読売新聞』2021 年 8 月 7 日大阪版朝刊

・「『給食停止』当然?やり過ぎ?」『朝日新聞』2015 年 7 月 4 日朝刊

・「給食費滞納 2 世帯に簡裁全額納付命じる」『読売新聞』2019 年 1 月 23 日朝刊

・「教員処遇、改善へ議論　残業代・働き方、中教審に諮問」『朝日新聞』2023 年 5 月 23 日朝刊

・e-gov「学校給食法」
　　https://elaws.e-gov.go.jp/document?lawid=329AC000000016000160(2023 年 8 月 4 日閲覧)

・e-gov「食育基本法」
　　https://elaws.e-gov.go.jp/document?lawid=417AC1000000063(2023 年 9 月 7 日閲覧)

・NHK「『給食費無償化』の動き　東京 23 区で広がる」
　　https://www.nhk.or.jp/shutoken/newsup/20230713c.html(2023 年 9 月 7 日閲覧)

・厚生労働省「2022(令和 4)年　国民生活基礎調査の概況」https://www.mhlw.go.jp/toukei/saikin/hw/k-tyosa/k-tyosa22/index.html(2023 年 8 月 4 日閲覧)

・塩尻市「小中学校の給食会計が公会計になりました」https://www.city.shiojiri.lg.jp/soshiki/39/2792.html(2023 年 9 月 5 日閲覧)

・時事ドットコムニュース「給食無償化、全国規模で実態調査　実施時期は明記せず―少子化対策素案」https://www.jiji.com/jc/article?k=2023060100280&g=pol(2023 年 9 月 7 日閲覧)

・農林水産省「食育基本法」http://www.maff.go.jp/j/syokuiku/pdf/kihonho_28.pdf(2017 年 1 月 20 日閲覧)

・農林水産省「食育推進基本計画」https://www.maff.go.jp/j/study/tisan_tisyo/h18_01/pdf/data11.pdf（2023年9月7日閲覧）

・文化庁　内閣訓令第1号「公用文における漢字使用等について」http://www.bunka.go.jp/kokugo_nihongo/sisaku/joho/joho/kijun/sanko/koyobun/pdf/kunrei.pdf（2016年12月26日閲覧）

・文部科学省「学校給食実施調査」https://www.mext.go.jp/content/20230125-mxt-kenshoku-100012603-1.pdf（2023年8月4日閲覧）

・文部科学省「学校給食費の公会計化について」https://www.mext.go.jp/component/a_menu/education/detail/__icsFiles/afieldfile/2019/09/04/1420661-1_1.pdf（2023年9月5日閲覧）

・文部科学省「学校給食費の徴収状況に関する調査の結果について」https://warp.ndl.go.jp/info:ndljp/pid/11402417/www.mext.go.jp/b_menu/houdou/30/07/__icsFiles/afieldfile/2018/07/27/1407551_001.pdf（2023年8月4日閲覧）

・文部科学省「教員勤務実態調査（令和4年度）集計【速報値】」https://www.mext.go.jp/content/20230428-mxt_zaimu01-000029160_1.pdf（2023年9月5日閲覧）

あとがき

　本テキストは大学1年生を対象とし、アカデミックなレポート作成方法を練習問題やワークシートをとおし、段階を追って学んでいけるように構成しています。また、本テキストには、授業実践をとおして得た実例が多く含まれています。そのなかでも、学生が失敗しがちな例を挙げています。テキストを読んだ方に、失敗を重ねながら、レポートを作成していく様子を見てほしかったため、このようなスタイルを取りました。「私もわからない」「同じような間違いをしてしまった」と親近感を持っていただけたら幸いです。大学では、何を学び、それをどのように考察したかを、学修成果としてレポートに示します。そして、大学生活だけではなく「何かを書くこと」は、就職活動や社会人になってからも必要となります。さまざまな場面で、本テキストを活用していただけたら幸いです。

　また、レポートを作成するには、文献を調査する、読解する、思考を整理する、考察するなどさまざまな過程があります。これらのレポート作成過程をとおし、探究心や主体性が養成されていくことでしょう。レポート作成をとおし、その先の学びを少しでも意識していただけることを願っています。

2023年8月

執筆者紹介

近藤裕子(こんどう　ひろこ)

大正大学教育開発推進センターを経て、2018年度より山梨学院大学学習・教育開発センター准教授。専門はライティング教育、日本語教育。大正大学大学院文学研究科博士後期課程満期退学。修士(文学)。

由井恭子(ゆい　きょうこ)

大正大学教育開発推進センターを経て、2022年度よりサイバー大学IT総合学部准教授。専門はライティング教育、中世文学。大正大学大学院文学研究科博士後期課程満期退学。博士(文学)。

春日美穂(かすが　みほ)

大正大学教育開発推進センターを経て、2022年度より目白大学社会学部メディア表現学科専任講師。専門はライティング教育、中古文学。國學院大學大学院文学研究科博士課程後期修了。博士(文学)。

執筆担当

近藤裕子

はじめに、第2課(表記)、第3課、第5課、第7課(3、5、7、7-1、7-2、STEP3)、第8課(1、2、3、7、7-1、7-2)、論証型サンプルレポート、調査報告型サンプルレポート、コラム・ポイント(第2課、第3課、第8課)

由井恭子

第1課、第4課(2)、第6課、第8課(4、6)、論証型サンプルレポート、調査報告型サンプルレポート、ポイント(第9課メール)、あとがき

春日美穂

第2課(表現)、第4課(1、2、3、STEP1、2)、第5課(反証)、コラム(生成AI)、第7課(1、2、4、6、7-1、7-3、STEP1〜3)、第8課(2、4-1、4-2、5)、第9課(1、2)、第10課、付録3、論証型サンプルレポート、調査報告型サンプルレポート、サンプル小論文、コラム・ポイント(第5課、第7課、第9課レポート)

　※草稿執筆は上記のとおりだが、全課について3人で協議を行い作成した。

付録1、2　岩下明子

イラスト　原田依里(株式会社COMOZ)　PowerPointスライド　棚瀬久子、春日美穂

失敗から学ぶ大学生のレポート作成法 第2版

A Guide to Writing Academic Essay for Undergraduate Students, 2nd Edition
Kondo Hiroko, Yui Kyoko, Kasuga Miho

発行日	2024 年 3 月 21 日　第 2 版 第 1 刷
	（2019 年 4 月 1 日　初版 第 1 刷　　2023 年 3 月 20 日　第 6 刷）
定価	1600 円＋税
著者	© 近藤裕子・由井恭子・春日美穂
発行者	松本功
装丁者	杉枝友香（asahi edigraphy）
本文組版者	株式会社 アサヒ・エディグラフィ
印刷・製本所	株式会社 シナノ
発行所	株式会社 ひつじ書房

〒 112-0011 東京都文京区千石 2-1-2　大和ビル 2F
Tel. 03-5319-4916　Fax. 03-5319-4917
郵便振替 00120-8-142852

◆ご意見、ご感想など、弊社までお寄せください。
toiawase@hituzi.co.jp
https://www.hituzi.co.jp/

ISBN978-4-8234-1247-9 C1081

〈刊行書籍のご案内〉

ピアで学ぶ大学生の日本語表現［第2版］
プロセス重視のレポート作成

大島弥生・池田玲子・大場理恵子・加納なおみ・高橋淑郎・岩田夏穂著　定価 1,600円＋税

2005年の初版刊行後、変化した学生生活に合わせてリニューアル。相手に伝わるレポートの書き方・発表のし方を身につけるための実践的表現活動をタスク化したテキスト。

ピアで学ぶ大学生・留学生の日本語コミュニケーション
プレゼンテーションとライティング

大島弥生・大場理恵子・岩田夏穂・池田玲子著　定価1,500円＋税

大学入学後の初年次教育や入試・編入の小論文指導などに適した活動型教科書。本を批判的に分析するグループワーク等、各課のタスクをピア活動を通じて行う。練習問題も豊富。

〈刊行書籍のご案内〉

日本語を書くトレーニング［第2版］

野田尚史・森口稔著　定価1,000円＋税

メールで先生に問い合わせをする、レストランのメニューをわかりやすく直すなど、日常に密着した言語活動をサポートする日本語表現の新しいテキスト！

最初の一歩から始める日本語学習者と日本人学生のための
アカデミックプレゼンテーション入門

三浦香苗・岡澤孝雄・深澤のぞみ・ヒルマン小林恭子著　定価2,200円＋税

大学の初級日本語コースで使用の入門書に英訳を添付。日本語学習者や日本人学生が初めてでも無理なくプレゼンできるよう、日本語表現やデータ処理方法などを紹介。CD-ROM付

〈刊行書籍のご案内〉

グループワークで日本語表現力アップ

野田春美・岡村裕美・米田真理子・辻野あらと・藤本真理子・稲葉小由紀著　定価 1,400 円＋税

グループワークを活用した大学初年次向けの文章表現のテキスト。文章表現の基本的な知識や姿勢からレポート執筆まで、豊富な課題で楽しく学び、効果的に習得できる。

はじめよう、ロジカル・ライティング

名古屋大学教育学部附属中学校・高等学校国語科著　執筆協力・戸田山和久　定価 1,600 円＋税

中学生から社会人までを対象とする日本語表現の教科書。「論理的」とはどういうことかに始まり、他者の意見やデータを分析し、自己の主張や提案につなげるまでを身につける。

これから研究を書くひとのためのガイドブック［第2版］
ライティングの挑戦15週間

佐渡島紗織・吉野亜矢子著　定価 2,000 円＋税

「思考を整理して、分かりやすく、科学的に」伝えるための技能や文献研究、テーマの設定から論文の評価まで段取りをマスターできる。好評頂いた2008年刊行の初版を改訂。